spot

context is all

SPOT 4

玫瑰與槍——百年前一位中國奇女子衝擊傳統的革命史

My Revolutionary Years, The Autobiography of Madame Wei Tao-Ming

作者：鄭毓秀
譯者：賴婷婷
責任編輯：冼懿穎
美術編輯：BEATNIKS
封面設計：顏一立
校對：呂佳真

法律顧問：全理法律事務所董安丹律師
出版者：英屬蓋曼群島商網路與書股份有限公司台灣分公司
發行：大塊文化出版股份有限公司
台北市10550南京東路四段25號11樓
www.locuspublishing.com
TEL：（02）8712-3898　FAX：（02）8712-3897
讀者服務專線：0800-006689
郵撥帳號：18955675　戶名：大塊文化出版股份有限公司

總經銷：大和書報圖書股份有限公司
地址：新北市新莊區五工五路2號
TEL：（02）8990-2588　FAX：（02）2290-1658
製版：瑞豐實業股份有限公司

初版一刷：2013年9月
定價：新台幣 250 元
ISBN：978-986-6841-46-0

玫瑰与槍

鄭毓秀 著
賴婷婷 譯

序　民國大女人

作家、《周刊巴爾幹》發行人　**張桂越**

鄭毓秀曾經去過上海參加宋教仁喪禮，她說：「對我們黨的英雄致上最高敬意後，我們討論著該用什麼方法來為他復仇，為中國保住共和政體。」她成了「復仇女」，是個行動派！看完她的自傳，我想著：不怕死應該是血液裡有那種基因，是老天爺賞的個性，沒有這種基因是不會去幹革命的。她小時候看見祖母處罰小傭人，因為小傭人和表姊打架，一旁的鄭毓秀敢衝上前對小表姊說：「該被打的人是你！」然後跑回小傭人前面，雙手抱著她哭著說：「你們不能這樣，她沒做錯事。為什麼要受罰？」祖母在一旁氣得臉色發青。這種「好端端的女孩，怎麼就是不聽話！」式的不羈例子很多，說明鄭毓秀從小就愛打抱不平，就「敢」。後來她拒綁小腳，不綁小腳算不得什麼英雄，民國後期中國社會有得是這樣的「開放腳」，可鄭毓秀生於一八九六年，清朝還沒死哪！她呱呱墜進慈禧太后的天下，那時候不綁小腳鐵定是英雄！鄭奶奶罵說「她的腳會長得跟大象的一樣大，長大沒人娶她」。她帶種。更厲害的是，鄭大小姐十四歲的時候，寫封信給她媒妁之言的「丈夫」，請他另娶新歡。自傳裡她說：「就我所知，從來沒有大家閨秀會做出這種事」，此舉嚇壞了兩大家族，叫作丟人丟大了！然而，這些年少的「輕狂」不過是日後驚天動地的小菜，鄭毓秀的膽子越來越大！

最讓我羨慕的是：十五歲，才十五歲，鄭毓秀就有這個智慧、膽識和行動追著心中正義的明燈到日本去，去找革命黨！注意，我是說「找」革命黨，意思是：她只知道日本有個革命窩，卻毫無連線，一個也不認識，像釣魚一樣、像霧裡找花一樣的「找」她的明燈。家人讓她去，因為她老闖禍，這小孩太難管了，竟然還給未婚夫寫信退婚，讓她走得越遠越好。當然他有父親的支持，答應她「出去看看外面的世界」。於是鄭毓秀帶著傭人董五到日本，美其名曰念書，她心裡明白是去找「不凡的夢想，那些令人期待、奔放的自由，還有蓄勢待發的計畫」，一切都與革命有關。鄭毓秀僅有的線索是：這些在日本的同盟會員不是學生就是商人，當時在神戶的商人只有幾家。她走進一家，去了三次，都去買點小東西，最後終於鼓起勇氣，「你可以告訴我任何一位國民黨成員的地址嗎？」這個商人假裝聽不懂，表情緊張顫抖，「但可怕的是，他也很可能是滿清政府派來的間諜，負責監視革命志士。但是，我別無選擇，只能相信這一切」。她說是幸運之神的眷顧，讓她直達國民黨總部，見到當時在日本的孫中山先生。「聽他講話，就能立刻感受到他的個人魅力，他的聲音沉靜，富有遠見的講話內容，令人深信不疑」。

鄭毓秀在日本加入國民黨，回中國後，她的任務是郵件書信情報員。她心中的燈從此停在這棵生命樹上，一生一世與中華民國建國事業有關。她抱著任務回國，成為推翻滿清的一顆子彈、成為革命的活動基地。

這本書有幾顆子彈擊中我，其中一槍是鄭毓秀翦除袁世凱的一幕：她本來打算到法國留學，離開前一刻接到革命同志宋教仁被袁世凱刺殺的訊息，於是在母親家人的反對下，臨時改變行程，決定以其人之道還治其人之身，自願當一名炸彈客。這是一本自傳，不是小說，是真實的情境，看到作者說，她自願搬走擋在中國邁向共和大道上的袁世凱這顆巨石的任務時，我有在想：我敢嗎？我不敢！

由於袁世凱警衛森嚴不易挨近，二來他正在搞國際貸款擴充軍力，他們討論後決定刺殺袁世凱不如殺他的財務部長，成功機率較大。這任務就落在鄭毓秀的手上，她是自願的。她喬裝成一位鄉下女傭上北京，「衣服下面，我繫了條皮帶，上頭綁著炸藥。我還提了個破舊的手提箱，裡面裝了炸彈……要完成任務，而且途中不被殺害的機率可說是微乎其微」。下面這段話對我相當激勵——「一個想法中斷了我所有美好的回憶，我想到我們勇敢的同志們，他們大膽地冒著生命危險，只為了實現革命理想……我唯一的想法是：現在我終於有機會證明自己能為革命與中國犧牲奉獻」。碧血丹心！

鄭毓秀一生有太多讓我羨慕、反省與學習的地方。她是一次戰後巴黎和會中國代表團員之一，當她發現會議將對中國不利，當大國要將德國在中國山東半島的利益轉讓給日本時，她想盡辦法找到躲在巴黎郊區的代表團主席陸徵祥，逼他出面。她用的是隨機拔下的一段玫瑰枝幹，藏在衣袖裡，像是一把槍阻嚇代表團在約定上簽字。巴黎和會的「凡爾賽條約」在中國引爆學生怒火，五四運動因而誕生。當我們紀念五四時，有誰知道這後面的那朵玫瑰？

我愛看這本書，這本書復活了歷史，林覺民的與妻訣別書「意映卿卿如晤」不再只是蔡琴、李建復的一首歌。彭家珍自願去行刺良弼，與大家一一握手訣別的一幕，一旁鄭毓秀的姊姊默默不語，她深愛著這個年輕人，這女孩的心事與表情也是一幕。不時出現在我腦海，犧牲情人成全國家是現代人不能想像的抉擇。當主編希望我把鄭毓秀的人格個性與一個人說不羈、crazy、奇女子的我做個比較時，我毫不考慮地拒絕了，看完這本書你會知道原因：為眾生玩命與為理想逍遙是天地之別，豈敢相提並論！

我所知道的跨朝代民國大女人太有限了，不過秋瑾！這本書讓我與鄭毓秀握手，今天見識了。不同時代有不同的挑戰，鄭毓秀抓住了她的時代使命。因緣際會下，這位百年前的人物得以重現讀者眼前，讓她充滿生命力的故事有如明燈般繼續閃個不停！

目次

壹　為自由而戰的第一場抗爭

大約七歲時，我坐在母親的膝蓋上，瞪著圓圓的眼睛，安安靜靜，著迷地聆聽著古時候流傳至今的故事。眾多故事之中我最愛的是花木蘭，百聽不厭，總是一再央求母親為我說這個故事。

木蘭是個生於公元六世紀的女子，父親是隋唐時代的老將軍，他把所有情感投注於木蘭和她弟弟身上，除此之外，也特別關愛木蘭。長大之後，木蘭成了一個容貌出眾、教養有素的女子。

然而，在木蘭十六歲那年的某一天，父親從鎮上回家，看起來既疲憊又絕望。他看著女兒，眼神極度冷漠，不發一語，就回自己房間了。

木蘭有點擔心，隨即跟上父親，看看究竟發生了什麼事。最後他說，這天他在城裡得知了敵軍正朝他們前進的消息。因此政府發了徵召令，每個男人都必須獻身保衛中國。然而，木蘭的父親不僅年邁，身體也不好，他知道自己不能去。多年以來，她父親頭一次感到惋惜，因為他們第一個小孩是木蘭，第二個才是兒子，而他年紀還太小。

木蘭徹夜難眠。到了清晨，她漸漸確定了自己的想法，於是她去找父親，宣布這個決定。

「父親，對您而言，我既是女兒也是兒子。現在我應該代替您從軍，保衛國家。」

太陽升起之前，木蘭剪短頭髮，換上一身男裝。一大清早，她便戴上父親的裝備，登上他的馬揚長而去，代父從軍。

十二年的時間裡，木蘭在軍隊裡擔任領袖，真實的性別從來沒被發現。她贏了許多戰役，軍功彪炳，舉國上下都把她看作英雄，更為她父親的名字添上榮耀。戰爭結束的時候，她得到皇帝召見，授以高官厚祿。然而歷經這麼多場戰役的她，從未感覺如此害怕，於是她請求返鄉，回到年邁父親身邊。

在同袍陪伴下，木蘭騎馬橫跨大半個中國，以偉大將領的姿態回到家鄉。抵達家門時，她下了馬，脫掉頭盔和身上的盔甲，同袍們頓時萬分驚訝，因為眼前是一名年輕貌美的女子。

現代心理學家認同：人生最初的七年生活經驗，是影響孩子未來的重要因素。花木蘭對我的意義，就像布狄卡1與聖女貞德對於西方孩童的意義。不過，也是因為另一重大的影響——我母親的個性，這個故事才在我身上顯出症狀。

一八九六年，我出生於廣東省廣州市，這城市又稱為「羊城」。出生後的頭幾年，我住在一個大宅邸裡，這個家是前朝的官宦家族。除了少數幾個例外，鄭家的全部人——父系的堂兄弟，如大伯、二伯和三伯；母系的姻親，如姨母、表兄弟姊妹——都住在這個地方。這麼多人，還加上所有傭人和他們的孩子，都住在同個屋簷下。這裡有男人和年輕男孩的房間，還有女人和小孩的房間，當然還有傭人的房間，這些房間連接著無數個小庭院、東廂、西廂、南座，正中央區域是正廳和接待客人的地方。整個大家族規模已經近似一個小村莊，傳統家庭中地位最崇高、且能決定家中事務的人就是我祖母，也就是我母親的婆婆。

祖母個性極為保守、知書達禮（她的中文寫得很好），且是個意志如鋼鐵般的女人。某種程度上而言，我們的個性南轅北轍。在我的人生中，我們注定要發生許多衝突。在我出生後的那十年間，顯然地我不是她最喜愛的孫子。雖然在祖母人生的最後階段，她勉強接受喜歡我，但我幾乎要了她的命——並不是真的做了什麼——我只是一直以來堅持做我自己，到現在也依然是。從童年時期一直到祖母過世之前，每次見到她，我都得對她行磕頭禮。然而，自我能走路開始，就不斷忤逆她的意願，日積月累之下就成了我們彼此的關係。她的意願便是我首個必須努力抵抗的障礙。

會走到這步田地，大部分原因是受到母親的影響。母親是將軍的女兒，表面上看起來安靜溫柔，是位完美適切的中國妻子，但她骨子裡是個革命家，終其一生她都不是很快樂。年輕的時候，她也曾有過自由和幸福的夢想，但後來一一挫敗，所以她變成一個頑固的人，這是她的防備之道。她決心不讓我步上她的後塵，雖然她外表看起來膽小，也沒有受過現代世界的教育，但她總是不停地激勵我，要我為自己奮鬥、要受教育，要擺脫束縛著中國女人的傳統教條。

前朝時代，有教養的中國女子過著被安排好的生活——除非搭轎子，否則她們足不出戶，除了家庭成員或其他家族女性之外，她們不與其他人見面，此外她們幾乎不享受，也不追求知識（即使有的話也很少）。然而，由於她們在家庭之外幾乎毫無作為，所以她們在家中的影響力甚大，就像一種補償。理論上，男人是一家之主，但是家族裡面真正的主人是「繼承財產的母親」——也就是父系親族裡年紀最長的女人。為了表示對她的尊重，家族裡的男人總是會遵循她的意願，只有在極為重要的事務上才會違背她。至於家族裡的其他人，所有的妻子、孩子和傭人都必須聽從她的指揮，把她視為太后。我母親深受這點以及傳統制度的其他方面的傷害，木蘭的故事其實反映了她原本擁有的夢想，後來，她把這個夢想傳承給我。

除了母親的影響，我天生就與兄弟姊妹們長得不太像。家庭裡的一個小孩，為什麼從嬰孩時代開始便和其他小孩如此不同，就像黑與白之間的差別，然而這個基因的謎題是我不應該試圖去探索的。我是家中四個孩子裡最小的，上頭有兩個哥哥和一個姊姊，我和他們形成強烈的對比，我總是充滿能量、好奇心，精神抖擻。簡單來說是個外向又吵鬧的人，用現代術語來說，可能會被稱為「問題兒童」。

我會細述這些對於自己的反思，並不是因為這些細節本身很有趣，只是因為這些個性能合理解釋我人生後來遇到的衝突難題。我的人生樣貌從孩童時期就形成了：一個反抗家裡的叛逆孩子，成年（差不多算成年）後去搞革命。十五歲那年我成了一名積極的革命分子。孩童時期的激進主義（意即：好端端一個女孩卻總是不聽話）延續到後來更變本加厲，有如西方世界裡，本應是初登社交界的花樣年華女子，卻成了煽動叛亂者。就像一名英國年輕女子甩頭離家，加入美國革命時期的自由之子祕密組織[2]。

第一次頂撞祖母的事件，很奇特，彷彿是個預兆。整件事的緣起是自己為了捍衛純粹的正義，雖然幾乎沒人認為一個六歲小孩懂得箇中重要的含義。

家族裡的每個小孩，隨時都有另外一個年紀可能大一點的小孩在旁陪伴，通常是傭人的兒子或女兒。

有一天，我在婦女專屬的後院和家族裡其他小女孩玩。雖然小傭人早就被訓練要提高警覺，小心別被大人罵，但他們畢竟都是小孩，在退讓之間還是會夾雜著爭吵摩擦。而在這特別的一天，我的一位表姊和她的小傭人起口角，沒多久兩人就打起來。我表姊被氣到發火，用力打她的小傭人，對方當然也發出哀吼，並以相同方式回報，很快地，兩個小孩越吵越厲害，大家聽見吵鬧聲都跑來了，兩名鬧事者被強制分開。我的姑姑把她的小孩摟進懷中安撫，大聲斥責另一個小女孩。

如果祖母沒有正好在這個時刻出現，事情也許就到此為止。當時她正在進行每日的巡視，這個工作的內容是：徹底巡視，不會放過家裡任何角落或縫隙，然後批評指正傭人們工作上的小缺失，並訓斥他們。抵達現場時，她完全不管這個事件的來龍去脈，只知道小傭人行為莽撞，打了她的孫女，她隨即下令給這個「冒犯者」

打一頓。小傭人當下就服從了，另一名傭人開始懲罰她。我好激動，再也看不下去了，於是怒氣爆發，我衝到表姊面前，兇狠地對她說：「該被打的人是你！」然後我又跑回小傭人身邊，手臂環抱著她。每個人都看著我，驚訝得目瞪口呆。

我大吼大叫還邊哭著，「你們不能這樣，她沒做錯事。為什麼要受罰？又不是她開始的——開始的人是表姊，該被罰的是她！」我幾乎歇斯底里。有人過來試圖安撫我，但是完全無法制止，只是讓我喊得更大聲，「你們這樣是在欺侮我和這個小女孩，我永遠、永遠、永遠不會離開她。」

祖母站在那兒，幾乎不敢相信自己雙眼所見，她氣得臉色發白，即使憤怒，她還是很精明，她知道懲罰我沒有好處。所以她轉過去對著我媽，用斥責的聲音說道：「你的小孩很沒教養，我很懷疑她是我們鄭家的孩子嗎？她對那些下人好有同情心，大概是他們家的人吧。在我看來，她一點都不感激我們家供給她的優渥環境。」

我媽滿臉通紅，垂頭喪氣，世界上沒有比這更壞的侮辱。看著媽媽的臉，我明白自己為她帶來多大的恥辱，於是我恢復理智，隨即安靜下來，我服從而且嚇壞了，很快地他們便把我帶離後院。

這只是後面眾多事件的開頭而已。每一次，我都先衝動憤怒地製造麻煩，然後被強制屈服，以免祖母進一步攻擊我媽。舉例來說，我總是想和兄弟們一起玩他們的遊戲，丟泥巴啦，或是鬥蟋蟀（不是板球〔cricket〕，是兩隻活蟋蟀打架，至死方休的一個比賽），還有其他不合乎「教養良好的中國小女孩」禮儀的遊戲。我一再被抓到，母親因為我的行為而被審查。每次事件結束後，我都下定決心，為了母親，以後要變得更謹慎，但是這個好意的決心總是撐不過兩天。

最嚴重的一次衝突，大概是裹小腳的那次。當時中國女孩的腳總是被綁起來，被折斷，以阻止長成正常尺寸，原因就是那流傳的中國版灰姑娘故事，這個故事深深地影響了我們世世代代對於美的品味。

那個傳說的內容是：有天宮中的太子到鄉間去玩，他看見一個女子的腳印，好小，形狀好美，於是立刻要求找出這名女子。他下令這個腳印必須保留下來，並說，符合這個腳印的女子將能成為他的妃子。自那時起，這種不正常的小腳（這種大小的腳很難多走幾步路），在中國被視為美麗的標誌。

裹小腳的程序是先將腳趾下彎，使整個腳板成球狀，大拇指捲著其他的趾頭，好形成一個立足點，再整個用裹腳布一圈一圈捆起來，日復一日裹得更緊，帶來極大的痛楚。裹著小腳的頭一年，女孩子不僅不能跑，連走路都沒辦法，必須有人揹著。因為疼痛的關係，很難安睡，時常會生病。裹小腳的過程完成之後，女孩子可以說是瘸腿狀態。若有緊急情況發生，必須快跑的時候，她會跌得東倒西歪，非得抓著門或家具支撐才行。

我的腳第一次被綁上繃帶的時候，我服從了，不是因為所有小女孩都接受所以我接受，而是我知道，如果我忤逆，母親又會被羞辱一番。但我真的受不了，第一天晚上只剩下我一個人時，我就把繃帶拆了，但隔天繃帶又被綁回去，而且我因此被訓了一頓。在這之後，我又忍受了三天，然後我明白自己再也無法忍受了。我最後之所以反抗，是因為我感覺到媽媽也不想我被裹腳。她深深後悔自己的雙腳這麼瘸。即使她不敢公開表示她有多反對，不過直覺告訴我，最後攤牌的時刻一到，她會站在我這邊。所以，第三天早上，我們全部人坐在一起，痛苦地聽著老師教書，我突然開始尖叫，還大哭，聲音很大。我躺下來不停踢腳大叫，大半個早上就這樣大吵大鬧，吵到全家人，大家都嚇壞了，這個騷動當然也讓我的祖母走過來準備罵我，如果要做任何決定，也是她說了算。她低頭看我，一副極端厭煩的樣子，然後說：「那好吧，把裹腳布拿掉，她的腳會長得跟大象的一樣大，長大後沒人娶，那就這樣吧，我不再過問這件事了。」

因此，除了幾片瘀青、嗓子沙啞，還有幾晚睡眠不足，整件事下來，我毫髮無傷，再度擁有正常的腳。我贏得了第一場為自由而戰的抗爭。

在我早年生活裡，我並沒有看見父親。事實上我根本就不記得他。我知道他住在北京，在那裡工作，是滿清的重要官員，受人景仰。我也大概知道，他長年離家是母親不開心的原因。但是一直到九歲時，我才明白他們的關係十分疏離——我的母親被獨自遺留在這兒，而她心心念念想著全家團圓。

那時候的中國，雖然法律規定男人只有一個妻子，但是納妾是被允許的。有些女人很有骨氣，拒絕接受其他女人，但大多數人只是平靜地接受事實。此外，忤逆這個規則或是嫉妒小老婆的妻子，會被視為可笑、不成熟的人，無論是朋友或家人，很少人會同情她。我媽懷疑我爸在北京有第二個家，且日子過得很快樂，但是家族裡沒有人認為她有什麼立場哭泣（包括祖母也這麼認為）。

我後來才明白這些，但是那時我認為整件事情的解決方法非常簡單。母親的不開心是因為父親在北京，如果她能去北京和他團聚的話，那她就會開心了，所以我們應該要去北京。我抓著這個想法，繼續說服母親，不顧她的反對和猶豫，直到總算克服一切。最後，她同意去北京。當然啦，她一直想去，只是得有人慫恿她而已。

我等不及要見到父親。我早就過了小女孩意識到及特別依賴父親的年紀，但當時我還不明白這些，只是清楚地感覺到由於父親的缺席，而造成這種情緒安全感上的裂口。

我們終於打包好，準備出發了。從沒有小孩像我這樣狂熱興奮，期待著旅程，這麼想見誰，或是如此毫無保留地崇拜一個陌生人。

我們從廣州市出發，搭船到香港。我懷疑西方的小孩是否能理解，這個簡單的旅程啟發了我，意義非凡。在廣州的時候，我很少出家門——事實上，我只有偶爾才會和母親一起到鄉下旅行，途中我可以掀開轎子的簾幕快速偷瞄一眼鄉村景色——就如同坐在象轎裡的回教婦女。這不僅是我第一次看見船隻、引擎，抵達香港時，我也第一次看見白人。看得我呆若木雞。那個男人看起來很奇怪，他們的髮色很淺，舉止招搖，無拘無束。而女人們則和他們挽著手，踩著一雙大腳走在一起，和那些男人一樣有說有笑，一點都不害臊，這個景象令人驚訝。整體而言，我覺得他們很奇怪，但他們所表現的逍遙無拘，卻激起了我心裡的某種共鳴。看著他們，某種程度上，我認為自己還滿喜歡他們如此自由自在的行為舉止。當時的我不了解是什麼原因，但是我對這些女人的感覺，毫無疑問源自於我和她們有點相似的事實，於是我朝她們走過去，而非逃避。

看見這些全新的景象，可能會令人膽怯害怕，但我恰好相反，情緒一直亢奮不已，尖叫連連。我到處跑跳，像隻樂壞的小狗——到處問問題，什麼都問，四處跳上跳下。即使暈船（這是我第一次體驗到自己的胃如此晃動不安），也沒有澆熄我的興致。我很確定要不是媽媽個性溫柔又有耐性，她早就惱羞成怒，一巴掌打在我臉上了。

香港這個城市的大部分是由我祖父一手建造的。祖父在他的時代裡，也是個不同於傳統的人。他棄文從商，主要事業是「房地產開發」。在香港，至今還有許多人會以尊敬而愉悅的口氣說起祖父，因為他不只是個成功的商人，還富有仁慈的心，對這個城市的窮人付出許多。雖然祖父終究失去了大部分的財產與房地產的所有權，不過當我去拜訪家族以前所僱的經理時，他和他的同事都對我很有興趣，也很尊重我，只因我是鄭家人。

由於我亟欲知道每台機器是如何運作的，於是我問了無數個問題。事實上，我的好奇心太過貪婪，甚至有些我在辦公室裡碰到的外國人都驚呼說：「天哪，這個小女孩打算搞清楚一切的事。」有人幫我翻譯了這句話，而讓我當時很困惑，因此把這句話牢牢記住了。我的態度是：不是應該每個人都想知道一切的嗎？

總算，我們在香港忙忙碌碌地過了三週後，接著搭輪船去天津，再從那搭火車上北京。搭火車，當然也是全新的體驗。我並不需要詳述旅程中我的反應如何，整件事的總結可以說成：就一個旅伴而言，我對別人來說還真是個麻煩的考驗。

抵達北京時，父親並沒有來接我們，而是派了一名傭人過來，這對我是個打擊。後來我們在他家相見了，我第一眼就崇拜上他。

然而對母親來說，那不是多麼快樂的時光。他們拘謹而有禮地向彼此打招呼，有點尷尬的感覺。他們沒有擁抱對方，而且這一開始的難題始終也沒有被克服。我們待在北京的期間，他們也有關係增進的時候，而大多數是我這個小孩的陰謀使然。但整體而言，他們已經疏遠太久，無法回到真正快樂的關係。

接下來那個月，某天晚上我被哥哥吵醒，他神祕兮兮地要我跟在他後面。我們離開房間，穿過花園，到了母親的房間，發現裡頭空無一人。於是我們走到後院中間，發現媽媽在一個小神壇前哭著祈求。我們在旁邊聆聽了好一會兒都沒被發現，從字句裡聽得出來她想要自殺。我們瘋狂地跑向前安慰她，由於我們是如此需要她，後來總算得到母親一句「不會離開我們」的確切保證。

父親是個高大寡言的男人，他看起來幽默而聰明。起先，他被我嚇到，爾後則覺得我非常有趣。他從未見過如此有主見的小女孩——我永遠不滿於現況、生氣勃勃的個性，對一個滿清官吏來說，尤其令人驚訝。不過，他很快就認為自己喜歡我這樣的個性。不到一個星期，一個中國女孩和她父親就建立起一種很不一樣的親情關係。我變得像是他的吉祥物，他到哪都帶我去，沿途解釋一切給我聽，他對我就像是對待他最喜愛的兒子。而事實上，很快地我也必須換上男裝，因為小女孩在公共場合或座車上露臉，會引起不好的言論，這樣做就是行不通。所以為了解決這個問題，父親讓我穿上短褲和寬鬆的上衣，頭髮也被剪短了，輕易地便被誤以為是個小男孩。

注解

1 布狄卡（Boudicca, ?- 60）：英格蘭東英吉利亞地區古代愛西尼部落的王后和女王，她領導不列顛諸部落反抗羅馬帝國佔領軍統治的起義。在惠特靈大道戰役慘敗後，服毒自殺。

2 Sons of Liberty：美國獨立戰爭期間反抗英國的祕密民間組織。

貳 親自退婚

離開廣東之前，我已經上學將近兩年（某種程度上可以這麼說），家裡僱了一位老學究來家裡教我們。他是個外形乾癟的老男人，很有趣，留著長長的辮子，戴著一頂小帽子和一副厚重的龜殼邊眼鏡。只要我們惹惱他（這還滿常發生，因為我總是扭來扭去，坐立難安），他又長又細的鬍鬚末端就會開始顫抖，表示他要振作起來對付我們了。

那名老學究教我們如何寫簡單的中文字。我們很喜歡拿精緻的毛筆刷過硯台，小心翼翼書寫每個符號，彷彿那是一幅畫。

我們也學了儒家的基本思想，格言和話語都得一一背誦。這種學習方式對一個過度好奇的孩子而言，確實太枯燥平淡，但還是有其重要價值。我們被訓練出過目不忘、如同照相功能的記憶力，而且我們很早就養成全神貫注的習慣。

我發現美國小孩的成績單常常會出現像是：「瑪莉是個聰明的孩子，但她注意力不足」。很少中國學生會有類似的問題，因為無論如何，在早上令人難以忍受的無聊課堂中，他們學到的是最寶貴的資產——他們學著如何學習。

對今天大多數人而言，這仍然是事實。中國人也有許多人粗心大意，就像其他種族也會有這樣的人，但只要他們一坐下來念書，他們的心思就會像一塊規律的海綿。

那麼，為避免讀者以為中國小孩都是些迂腐、正經八百的人，我還得說明另一項事實。

好幾個世紀以來，在中國，讀書人享有極高的社會地位，古時候的社會把士大夫放在最高位階，其次是農人，第三是工人，最後是商人。士大夫並不像其他人民的身分，是代代相傳的，智慧被視為特別的才能，無法相傳。

所以士大夫來自於各種不同階級的人，無論原生家庭從事何種行業，都能成為政府官員。有能力的人都能懷有大志，接受教育，並透過科舉考試取得官位。因此不難理解，中國人會多麼奮發向上，努力學習，因為這是一條通往名聲和財富的自由大道。

我在北京待了幾個星期之後，我的父親，或許只是出於純粹防備的心態，認為我應該更專注在進階的學業上。因此我被送進城裡的女子學校，在那裡我開始認真研讀中國經典作品和中國歷史。然而，我在北京學校所接受的教育只是跳板，幫助我進入更自由的教育系統，我很確信那會是一種更不拘泥的形式。我常常隨著父親四處走動，並且把從中獲取的見識和資訊融入學校課業，比方：故事、傳說、有關當時官場的小道消息，還有一些新鮮的趣事。父親去哪裡都帶著我，當然除了他工作的戶部1之外。值得一提的是，他還會帶我上飯館，他和同事們總會在那裡討論公事和政治。

這畫面想必令人發笑。一位身形高大、令人尊敬的清官，竟然時常帶個在他跟前跑跑跳跳的孩子，一同出入類似今天咖啡店和酒吧的地方，這在北京城肯定很引人注目。其實，這真的成了人們茶餘飯後的話題，幸好父親認為寧可面對公眾輿論，也總比把我丟在家裡簡單。

當許多孩子們在家無聊煩悶時，我卻得以專心聆聽一段段迷人的對話，我想我對政治的興趣是從這個時候萌生的。

雖然我只有十二歲，一定聽不懂許多弦外之音，也沒有什麼具體的想法，但我明白自己所處的時代正面臨諸多嚴重的問題，中國正處於動盪不安的年頭。我想，自己頭一次不自覺對革命產生印象，就是在革命運動剛開始的時候。

想當然爾，約莫此時，我下定決心，無論所謂「教養得宜的中國女子」究竟是什麼樣，都要繼續學業，出國深造的想法在此時漸漸醞釀成形。坦白說，我算是生在一個幸運的時代——清末時期，那時政府內有嚴重的派系之爭，兩方人馬交替掌權，輪流失勢。年輕的皇帝在「百日維新」中實現一些新政策、新措施，但只是曇花一現，接著太后重新掌權，摒棄新政。然而隨著改革運動越演越烈，太后或多或少都得屈服於一些「開放」的建議，因此幾所現代學校、西式大學，以及其他進步的措施應運而生。

大約在一九〇〇年，一位知名的學者寫了一篇關於「天然足」的文章。如果是在十五年前，人們肯定不會理會那篇文章，甚至把它視為異教邪說。但這篇文章影響了當時一些有學識涵養的男人，少數父親讓女孩子的雙腳以正常方式生長。

終於在十五年前，家境富裕的年輕男子開始有所作為，他們去遠方旅行，去西方國家求學，雖然還沒人這樣替女孩子安排，但已經有少數父母親開始想以教育兒子的方式教育女兒。總之，我求學深造的夢想並沒有無疾而終。

那些年除了上學以及每天和父親一起度過的幾個小時之外，我的生活還算是傳統。雖然日子過得一點都不刺激，但北京仍然是個可愛、亮麗的城市，這裡有金色屋頂的皇宮，還有紫色的廟宇，狹窄的胡同裡塞滿古董店，寬廣的大道上，柳樹沿途招展，擠滿了慵懶、愉快的人們。

這裡有新鮮的劇院、戲樓和高級飯館，人們不是在花園的柏樹下坐一整天，就是在關起門的茶館裡舒服地待著。相較於中國其他城市，在北京可以看到更多不同的人：佛教僧侶、髮型細緻的滿洲女子、蒙古人和他們的駱駝隊、士大夫和他們的夫人。還有，最讓孩子們感到目眩神迷的莫過於街上雜耍：變戲法的人、魔術師、吞劍人，還有雜技演員。

每天下午，母親的固定社交儀式，就是拜訪她的朋友，搭著密閉的轎子四處走動。我常常和她一起去。這樣子的生活，確實有些部分很吸引我，但整體而言是無聊至極。我得坐在那裡，靜靜聆聽母親和她朋友以拘泥有禮的對話方式聊衣服、傭人，還有其他瑣碎小事，沉悶極了。我著實認為只有在讀書學習，或是和父親談話時，才感覺自己活著的意義。

十三歲那年，冬天初臨的光景，祖母認為她在廣東的生活太乏善可陳，希望搬來北京和我們一起住。她在十二月抵達，還帶了大批傭人。起先她還非常友善，大概是因為照中國習俗，在剛抵北京的頭幾個星期，大家都不停地為她接風洗塵，她只要享受熱熱鬧鬧的聚會就行了。

不出多久時間，她熱愛操控一切的個性又故態復萌，開始挑剔媽媽，家裡的氣氛又像她們倆在廣東的時候一樣緊張。

對此我父親的作法就像其他男人一樣，他的反應在西方的說法應該是「搬進俱樂部裡」，我們越來越少見到他，連我都無法讓他留在家中。無論如何，他又退回了只屬於他自己的空間。

就在這時候，許多戶人家向我爸提親（雖然我沒有裹腳）。婚姻這整件事，當然是由父母親安排——毫無疑問地，沒有我或那位年輕男子置喙之地。

祖母非常高興看到這些人選，很快就接手這件事。在她的催促下，父親選了某個年輕男子，他父親是廣東總督。祖母當然很滿意，因為他的家勢非常重要。

我從來沒想過婚姻該是什麼樣子，這件事看起來總是很遙遠，也不真實。然而，當祖母開始殷殷期待著未來的孫女婿時，我默許了這件事，因為我隱約覺得這件事可以讓家裡平靜一陣子。

總之，我推測這件事應該還有一段很長的時間，而這期間我不需耗費精神在此事上。很快的，依照習俗，為了慶祝我和這素未謀面的年輕男子的訂婚，家裡舉辦了盛大的宴會，但我們兩個人都沒有參與。

我躲在簾幕後面，旁觀一切事物的進行，這顯然是祖母的「表演秀」，她被拱上小舞台，好友們圍繞她。突然間，喇叭吹奏聲停止了，我未婚夫家的代表走進來，往祖母面前走去，一行人莊嚴肅穆地前進。

接著我聽見高亢沉悶的長笛樂聲，四匹白馬出現，披掛著飾有金色鉚釘的紅色皮革馬鞍，胸前披著紅色綬帶。馬匹由身穿制服、戴小圓便帽的貼身男侍牽著，每對駿馬中間掛著幾個大籃子，裡頭放滿水果、禮物，還有送給我的金手鐲、玉胸針、耳環墜飾、珍珠髮簪，以及一匹匹亮麗的絲綢布。每個人都到小舞台前，這時他在祖母面前彎下身俯臥著，額頭碰到地板，祖母坐在那兒，他的諂媚令她臉上露出開心的笑容。

這件事後，幾個月過去了，祖母的生活適切得宜，我盡力無視於這整個情況。然後有一天，有人告訴我，我未婚夫希望婚禮可以在隔年某天舉行，他父母親也寫信來要求我們定個日子。這時我整個人驚惶失措，想到要嫁給一個完全陌生的人，就讓人害怕。

此外，根據我兄長和朋友對這個年輕男子的描述，他的個性聽起來不是很討人喜歡。他大概十八歲，據說是個被寵壞的小孩。他已經有個尸位素餐的政府職位，有人說那是他父親「特別替他安排」的工作。

我哥哥又挖出一些關於他的小道消息，聽起來不是很正面，說他不是個勤奮努力的人，事實上是個公子哥，所以他要求傭人隨侍在側，走到哪跟到哪，隨時聽候他的差遣。除了這些個性之外，從他的表現看來，他是個頑固的人，堅信一些傳統觀念。

例如：我們家裡有電話，我通常會用電話打到父親辦公的地方。哥哥說，我未婚夫的家裡一聽見我們有電話，就大聲嚷嚷說這東西是不正當的西方進口貨，他們絕不允許家裡出現這種東西。從電話事件的小細節，我知道與我訂婚的家庭對於每件事情抱持著何種態度。而且，我還發現未來的公公並不認同「受教育的現代女性」，他曾經這麼說我——「她已經知道太多，待在外面的時間太長了，在我們國家，女子無才便是德。」

這些評語傳到我父親耳裡，也覺得不太好受，我看得出來，他已經開始擔心我未來的婚姻。雖然父親是個有智慧而且個性很好的人，但本質上是個保守的男人，他無法做出什麼激進、極端的舉動。

然而，面對我的哀求，父親真的開始思考有沒有可能取消婚約，卻又不讓兩家人顏面盡失的方法。他花了幾個星期找能夠處理這個困難協商的中間人。我變得很不耐煩，我說服哥哥（他完全能同情我）幫我寫信給我的未婚夫，技巧性地說明我的感受。那封信的大意是說，若我丈夫沒有在歐洲或美國完成學業，我將無法從婚姻中獲得快樂。如果他覺得路途遙遠，不能實行，那至少也該進入採用全新制度的北京大學。哥哥還說，我覺得我未來的丈夫對現代世界應該要有一定的了解，也說明如果無法和對方分享想法，將令我感到痛苦。

當然啦，我以為事情會在這裡告一段落，那個年輕男子也有理由自行悔婚。然而，他比我想的還要固執。他並沒有認真考慮我的意見，但至少他回覆了我哥哥：「你親愛的妹妹大部分的想法都很好，但很不幸，我不可能如她所願。」然後又假惺惺地美化說：「您可能忘了，身為政府官員，我不允許自己拋棄先前允諾的責任，這是重大的責任。」

用這個方式，我們完全沒有進展。父親覺得這件事太丟臉，所以完全不幫忙。

最後，不畏艱難達成目的的是我自己。坦白說，我根本不知道這麼做是多麼奇特又大膽。那時，我認為自己算是已經長大成人，也下定決心要擺脫束縛，我的計畫非常簡單。

我寫信給未婚夫，那是一封陳述非常實際的信函：「你為何不娶個比較適合你的女人？我要去美國或歐洲完成學業，這看起來不符合你對婚姻的計畫。」——然後我又寫了些安撫的話，建議他娶年輕女孩——「娶個容貌美麗、配得上你的女子，在你為職務貢獻時，她也能從旁協助。」

接踵而來的紛紛擾擾令人不敢置信。就我所知，從來沒有大家閨秀會做出這種事。雙方家族，尤其是我家，可真是丟臉丟大了。父親嚇得啞口無言，不消說，祖母因過於驚嚇，被扶到床上，一副快要心臟病發的樣子。唯一支持我的是母親，這件事令家族蒙羞，但她依舊默默慶幸，很高興我沒有被強迫走入婚姻。她哭得淒慘，但主要是出於對我的情感，而不是這樁婚事的結果。全家雖然籠罩在不悅的情緒中，但我還是贏得了這場戰爭。

這件事情過後一週，有些事必須要解決，於是全家人齊聚於家庭會議上商討對策。他們想必很高興讓我離家，於是我想趁這機會請求去歐洲，但是第一次就去歐洲，這一步似乎又太遙遠了。

最後，有鑑於我必須離開北京，所以家人決定送我到天津的女子寄宿學校，這所學校由美國傳教修女經營。我很高興，雖然這不是歐洲，但聊勝於無。事實上，這代表我為自己策劃的求學之路，會比我預想的早點實現。

我將會在天津這所寄宿學校待上六個月，學校名字叫中西女塾教會學校，字面上看來就是所中西合璧的學校，由兩名美國傳教修女經營。我還記得其中一位，我們都叫她的中文名字——「明小姐」，她身材高大，年老未婚，拘謹但是友善。但很不幸的，她常為臉上稀少的鬍子苦惱，有些愛取笑人、愛亂造謠的學生還說她每天都得刮鬍子呢。

我們部分課程是以英語授課，出於環境的需要，在很短的時間內，我的英語能力已足夠讓我跟上課堂。另外，由於從北京的家搬到陌生的寄宿學校，這對我來說也是一大進步，就好像真的離開中國，去了美國。我感覺自己像在美國，專心勤奮地學習一些現代世界的知識。

那時我留著現代的西式髮型，回想起來那個髮型還真不好看，它是介於高捲式髮型和蓄於頸背上的髮髻造型；穿著我認為最新潮、時髦的服裝。我的服裝可能也很糟糕，就像一個外國人努力穿上中國服飾那般滑稽可笑，我選了個糟糕透頂的西式造型。我還戴了一頂過分華麗的帽子，帽緣加上了各式各樣的裝飾物。由於那是我第一次戴上西式帽子，讓我深深著迷，即使在室內，儘管別人苦勸不已都無法說服我把帽子摘下來。不過束衣我就沒辦法了，我既受不了裹腳，又怎麼可能讓自己穿馬甲？

餐桌禮儀也是另一項創新：我學習喝茶，不是像中國人放在小碗裡直接喝那樣，而是將茶倒進大茶杯，加入糖和牛奶一起喝的方式。我也愛上麵包、奶油以及吐司，並學習使用刀叉，取代筷子。最革命性的一件事情是，我人生中第一次做運動，每天我們都會做長途慢跑。我非常幸運養成了這項習慣，因為這對總是不安於室的我，有鎮定的效果。直到今天，如果心情沮喪或緊張疲憊，只要到戶外走走，就能立刻好好放鬆下來。

很自然地，經營學校的傳教修女們相當虔誠，所以星期日整天不是在進行宗教儀式，就是在休息，意思就是坐著，什麼都不做。起先我還願意配合，因為我想要表現「良好」，但是我對宗教並不特別感興趣，很快地，星期日就成了全世界最沉悶的日子。也由於我急切地想好好把握受教育的機會，這樣對我來說簡直是浪費時間。

所以我去找校長，問她能不能免我參加星期日的儀式，讓我繼續念書。起初她拒絕了，說她覺得星期日固有的安排是必要的，但是我預先想好一套論點，她說不過我。

我跟校長說，我覺得這是我的責任，由於對自己的未來還不確定，我必須在有限的時間內盡可能學習。我顯然已經尊重學校對宗教的信念，難道學校不該回過頭來尊重我的信念嗎？她投降了。因此，每個星期日，我就能快樂地和書本獨處，雖然那不一定是課堂的指定讀物。

這就是我和西方教育模式的第一次正式接觸，與過去幾個世紀以來，中國女孩在家所接受的教育大相逕庭。過去女子教育的重點在於：教導女孩未來作為妻子和母親所需要的能力，女人的美德是最重要的。一切的諄諄教誨，都是為了要她打從心底欣賞並實踐三從四德，如此才能成為稱職的妻子與母親。家庭是中國社會結構的基礎，這種教育極其重要。

可想而知，傳統社會對女性實行道德教育是多麼自然而適切，這是整個社會策劃的結果。概念合理，也符合了傳統的中華文化。但是，訓練女性參與更多世界事務，這個新的想法啟發了我和其他有著相同觀點的人。我不能、也不會生長成傳統女子的模樣，我感覺自己在這個承上啟下的時期裡，扮演一個特殊的角色，過渡期的時代已經開始，接受適當的教育是我未來工作的基本條件。現代世界以無法抗拒的力量引領我走過去，沒有什麼能阻止我達到目標。

注解

1 戶部：清朝的戶部相當於現今的財政部。

參 兒皇帝的統治

這個時期（一九〇八年），中國仍由滿清最後的當權者統治，也就是慈禧太后。雖然她的政府看起來威高權重，但實際上因為許多內外因素，正面臨瓦解的危機。維繫政府的，只剩老佛爺（慈禧太后的別稱）個人極惡劣的力量。

當時中國的情勢相當複雜，這是由於古老的中國文化受到西方文明的影響，結果造成兩股勢力衝突、對立。中國人本質上是愛好和平的，悠久的歷史發展，使其文化臻於成熟，人們推崇和平的藝術，並享受其最美麗的結果。標準的價值觀是——「力戰的未必得勝，跑快的未必能贏」，反而儒家教育中提倡「君子」的品德備受推崇。無論是學者、士紳或是「在上位」的人士，都遵照永恆不變的法則和禮儀來規範自己的言行舉止，在人際關係有著如詛咒般的制裁力量。這種訴諸理性思考的禮儀，教化、滲透進每個階層的人，無論是最高階的士大夫，或是最卑微的農人或工人。引經據典，句句成語正好變成某個人的利益，接著消滅指控，總是否認敵對方的正當性，永遠擊敗對方，獲得絕對權力。

在其他文化藝術領域上，我們的建築藝術已經發展到極高境界，讓中國的生活的樣貌如此美麗且富有藝術性。藝術家畫出細緻的風景畫；工藝家努力不懈地創作出象牙雕刻作品；陶藝家與他那星空藍搭配赤紅的美麗花瓶；絲織工匠和他亮麗的創作，散發出最純粹的光彩；居家愛好者喜歡裝飾家裡，發展出花園藝術——以及其他更多面向的成就，都是中式生活的精髓特色與文化，也是人們引以為傲的部分。

中國當然稱不上處處都是蜂蜜和牛奶的應許之地（或更精確的說是蓮花盛開，茶香四散），但世上也沒有其他國家曾有這樣的太平盛世。總的來說，中國人的生活模式已經演進到能自給自足的狀態。除了偶爾爆發饑荒（但這是所有國家常有的經驗），整體而言還算是和平、寧靜，對這塊土地感到滿足。

與此同時，世界另一端的人，他們的文明在觀念和習慣上與我們如此不同。工業革命的力量造成大幅改變，注定會對地球最遙遠的另一端帶來衝擊。

最後，他們來到這裡，看見和平美好的景象，這裡就是中國。如果他們以正常商業貿易的程序來到這裡，我們會很歡迎他們。然而不幸的是，他們敲著中國的大門，一手拿著貨物，一手端著槍械，不管今天在門外的人是誰，光是這樣就足夠啟人疑竇。此外，當時這兩個衝突的文明，也沒有試圖了解對方，不難預料接下來的發展會有多麼不愉快。

在這段期間，常常聽見西方人指控中國人「排外」，如果「排外」一詞意味著對外國人懷有敵意，那這可能是一項錯得離譜的指控。中國人排斥的是外國人的手段，並非外國人本身。實際上，中國人或許是世界上最具寬恕、包容特質的民族。馬可・孛羅在中國的經驗即是最具說服力的證明，以他為例，他並沒有帶著槍械來到中國，他是來觀察、學習的。他所看見的中國文化，令他由衷讚歎，於是他對中國文物深深著迷。在中國的大門內，身為賓客的他，行為舉止也非常適切。所以相對地，宮廷方面也對他展現了禮貌與尊重。事實上，他的藍色雙眼完全無礙於他享受與中國人的友誼，而皇帝也給予他極高的榮譽，指派他擔任中國的重要大臣。

可惜的是，如此愉悅的情況，並不存在於我們要討論的這個時代。現今，中外關係上最顯著的問題，就是缺乏互相理解。如果雙方都能下定決心，努力了解彼此的行為動機，情況會讓人感到多麼愉快呢！但實際情況是，一切看起來太難理解了，於是沒有什麼建設性作為，來和解雙方敵對的態度。

在這種氛圍之下，慈禧在皇帝死後從正宮皇后手上奪權。原本只是妃子的慈禧，聰明大膽，行事成熟，而且特別擅長宮廷的權力角逐。她極度自私，也很精明，她伺機而動，等待大權在握。一八六一年，咸豐皇帝駕崩，慈禧的兒子1繼承王位，並由她和正宮皇后垂簾聽政，從旁輔佐。

年紀尚輕的皇帝體弱多病，而且生活放縱，常常微服出巡，在城裡花天酒地，據說是慈禧迫使他如此的，最後他感染了天花，死於一八七五年。慈禧的手腳也很快，她讓妹妹的小孩繼承王位，她則繼續垂簾聽政。

終於，年輕的光緒皇帝起而反抗慈禧太后，現在他是個二十歲的青年，思想也很開明。他決定親政治理國家，開始全面性改革，包括中國的軍事、政治以及社會系統。不幸地，他激昂的努力，只持續了一百天。令人驚訝的是，阻礙竟然是來自於滿清政府那些執政士大夫的反對，他們由於光緒帝的新思想而備受驚嚇，詫異萬分。

最後他被大臣袁世凱（後面還會更常提到這個名字）背叛，沒多久就被囚禁於紫禁城內一座湖邊離宮。慈禧太后甚至捏造光緒帝旨意，該旨意內容是由慈禧太后訓政，且因他無法治國，指名他弟弟的兒子為法定繼承者，但他還只是個幾歲的孩子。

因此慈禧太后又繼續統治整個帝國，她統治中國的時間已將近半世紀。中國歷史上，共有三個不同的時期由女人統治，統治時間最長的則屬慈禧。在封閉的宮廷裡，她擁有至高無上的權力。然而對中國而言，很不幸的是，她對現代世界的力量知之甚少，甚至全然不知，而這股力量正在她狹隘的軌道之外，重新塑造整個世界。

從一九〇〇年對義和團事變的處理方式看來，就可知道慈禧太后是這樣的人。義和團事變最後造成八國聯軍佔領北京城，對她而言，無疑是莫大的恥辱。義和團原本是個祕密組織，目標是消滅滿清王朝，因為人民認為滿清王朝該為國家的不幸負責。善於操縱人心的慈禧太后便把義和團的憤怒指向外國人，說外國人在中國的一切作為才是問題根源。他們被稱為義和拳民，因為組織的名字有「拳」這個字。他們練習奇特體操並實行精神訓練，相信自己的身體刀槍不入。

父親對於這一連串事件的反應大抵是被動的。例如，當皇宮信使到家裡通知他慈禧太后已經於一九〇八年十一月五日逝世時，他並沒有太大的反應，不特別高興或驚訝。他只是像個評論家，不帶個人情感地說：「這個人的死，或許是中國的解藥。中國是個偉大綿長的國家，在這個女皇帝的統治下，顯然是衰退了」。然後他安靜地仔細從前面桌上的盤裡挑了個蜜餞。

我的父親當然是反對滿清，支持正統中國的。但我想長期以來，他在滿清政府裡任重要職位，也很習慣滿清政府的統治，正因為如此，加上他天生就是個保守的人，讓他更不可能試圖做出什麼激進的行動。此外，對他而言，滿洲人和漢人並沒有太大的差別，一般也是這麼認為的。然而滿洲人是以異族的身分消滅明朝的。無論如何，就種族上來說，他們和華夏民族是有一點不同。但是也不能說中國是被「外國人」統治的，這只表示，中國被來自滿洲地區的人統治，他們與大部分的中國人不同，在地方文化和組織上有所差異，就像佛蒙特地區的農人跟住在德州平原上的牛仔之間的區別。

父親雖然會詳細告訴我政府有什麼不公正的作為，但即便如此，他實質上依舊蜷縮在自己的象牙塔裡。

對我而言，這一切已經全然不同。我聽說全國人民已經心生不滿，認為推翻清朝是必要的。由於天生反骨，我已經做好準備，吸收早期的革命精神。我的心開始明白一個想法：我必須為自己的國家工作。只要了解情況的人，一定都會知道我們正處於劇烈動盪的時代，舊王朝必須死去，我希望自己是能跟隨新想法的那端。

在接獲慈禧太后的死訊的前一天，我們得知長期被軟禁的光緒帝駕崩。紫禁城發生這些事的理由，可能無法獲得證實，但這名至少曾證明自己還有行動力和善意作為的年輕皇帝，很有可能是被對立的當權者給毒死的。

中國王朝大權，依然掌握在一個小孩手中，也就是「兒皇帝」溥儀，他父親醇親王則被任命為監國攝政王。新的佐政者與過去相同，只顧著自己的野心，不會也不願意妥協，接受現代化的力量，這力量注定會將他與其政權掃到一邊。

我問父親：「在兒皇帝的統治下，也就是一個你認為相當虛弱的孩子，你覺得中國的未來會如何？」

他的回答既模糊又沮喪，他說：「未來只會更加分裂，還有更多人享有特權。滿洲人會像過去一樣捕食中國」。他的雙手攤在椅子上，一副灰心洩氣的樣子。

但是未來的畫面裡，還有一個希望。在義和團崛起的前幾年，有少數的中國學生出國留學，他們學習西方智慧、觀察民主政府，而得到啟發。他們下定決心，回到中國後，要推翻極端保守的滿清政府，建立共和國，讓中國能跟上現代世界的腳步。他們知道，本質上具有民主精神的中國人，一定會支持他們的努力。

在聽完父親對於未來悲觀的評估後，我當下沒有做出任何回應，之後也沒有。

但那時候，突然之間，過去那幾年冰封而且潛伏在內心的感覺又回來了。我曾經下定決心要為我的國家工作，現在我有了計畫。我聽說有位傑出的領導者，他離開中國，現在人在日本。於是我隨即決定前往日本，去尋找那位領導者，並跟隨他們，無論要付出何種代價，都要努力協助讓中國成為一個共和國。

注解

1 同治皇帝（一八五六—一八七五）：愛新覺羅氏，名載淳。咸豐帝死後，由當時五歲的載淳繼位改元為同治。同治於十八歲親政，興辦洋務，任用曾國藩、李鴻章、左宗棠等人，一度出現中興局面。同治十二年駕崩，得年十九歲，為清朝壽命最短的皇帝。

肆 終成革命黨員

我的情緒偷偷地激動了好幾天。

一直以來我和父親都很親近，從來沒有起過爭執，但我知道，我沒有自信能讓他知道現在的情況。所以我安靜地做準備，我得找出一些有關那些日本革命志士的具體資料。我在北京到處問了一些人，有些人很誠實，讓我知道關於國民黨（在這個名字之前，革命黨曾經有過許多不同的名稱，如：興中會、同盟會等）的事，這是一九〇〇年以後興起、規模最大、成立時間最久的共和主義團體。雖然成員們從事地下行動，大多數的人在日本生活，但他們畢竟也抵抗了許多攻擊行動，努力維持完整。

領導者就是孫中山。他不是在美國、歐洲四處奔走募款，以完成志業，就是居住在日本。

我無法找到任何有關如何或是在哪裡才能尋獲到革命黨的資訊，但是我年紀才十五歲，這種阻礙並不會被放大。我真正的問題是——我要怎麼去日本，而同時又不讓大家猜測我的理由呢？

最後我輕鬆自若地告訴父親，由於我已經決定不回美國學校，對北京我已感到有些煩躁，而且我還沒到中國以外的地方旅行過，所以希望能去趟日本。他對這番話的理解就如我所希望的，也就是我渴望看看外面的世界。他建議我在東京繼續學業，他還說我們有一個親戚在神戶擔任中國領事官，他可能會安排我去住這位親戚家。

一切準備就緒。我啟航出發，前往日本，隨行的是一位跟著我們許多年、名叫董五的傭人。在船上，我們遇見另外兩名前去留學的中國女孩，她們以為我這個人，就如我表面上看起來的那樣子，也是一個出身富裕家庭的中國小女孩要出國留學。沒有人知道表面下進行的事，那些不凡的夢想，那些令人期待、奔放的自由，還有蓄勢待發的計畫。

越是接近日本本島，我的情緒就越是亢奮。我明白自己以前從未想過的事：日本之大，而我這個才剛離開優渥生活的小女孩，又該如何找到我想找的人呢？畢竟他們幾個人可是躲藏在這茫茫的數百萬人口裡。

我堂哥的個性頗為古板，他熱情迎接我，但同時又很驚訝我們家竟然會允許一個中國女孩出來尋找她自己的世界。我告訴他，我想進入大學修習一些課程，但他說日本沒有那樣子的地方能讓女孩子讀書。

我唯一能做的事就是進入東京的女子寄宿學校。整天關在女子學校圍牆裡被監看，完全不符合我的期望，這樣我就沒什麼機會從事課外活動。於是我巧妙地撒了個謊，告訴堂哥由於旅途舟車勞頓，我身體不舒服，如果能讓我借住他家幾個星期，我會非常感激，而這段期間，我可以徹底休息，並開始熟悉這個國家。我堂哥對於這個提議不疑有他，並鼓勵我四處去觀光，還給我安排了一位日本僕人。於是，我和董五便一起閒逛神戶，就像一般乖巧的觀光客。

關於尋找革命志士，我只有一個線索，我知道他們是學生或是商人。於是，我隨便想了個藉口，要堂哥的傭人告訴我神戶市哪裡有中國人開的店，他說其實不多，只有幾家，並給了我地址，越接近尋找目標，我的心情越是激動。我到了他指定的地方，假裝是客人，花很長時間欣賞櫃枱裡的東西。由於身處異地，我不敢輕易洩漏身分，於是買了一個小裝飾品，待了一陣子過就離開了。

我總共回去那家店三次，經營那家店的男人滿臉疑惑，然後我鼓起勇氣問他關於革命志士的事情。我沒有任何多餘的理由或迂迴的說辭，直截了當脫口而出說：「你可以告訴我任何一位國民黨成員的地址嗎？」。

起先店主人的表情一臉茫然，不發一語，假裝不懂。我緊張得顫抖，又重複了一次問題。靜默半晌後，他帶我進去後面房間，我們在那裡談了很久。

他始終不肯表明立場，只問了我許多問題，我誠實而謹慎地回答，我感覺自己已經步上正軌，他顯然知道什麼，但可怕的是，他也很可能是滿清政府派來的間諜，負責監視革命志士。

但是，我別無選擇，只能相信這一切。我告訴他，和革命志士會面令我感到既緊張又期待，我在中國得知他們的消息，來日本最主要的目的，是找出更多關於這個組織的資訊。我並沒有對政府做出太惡劣的批評，我試著讓他留下印象，知道我完全能理解國民黨的立場。

最後，他站起來問我是否願意隔天到一個特定地點，並告訴我怎麼到那個地方。當然，我並不知道自己是正走向一個陷阱，或是最後真的能見到革命志士，但我只能希望是後者了，於是我鼓起勇氣前去。

隔天，我依舊是在董五的護送下，在約定的時間到達集會地點。在幸運之神的眷顧下，我直接到達國民黨總部。

那間商店的主人其實就是成員之一。當他十分有把握地確定至少我不是間諜之後，就決定將我介紹給其他革命志士，在那次集會中，我見到了當時的黨主席吳先生和王先生。

我與他們的首次談話模糊不清，因為我十分不安，也害怕自己太相信他們，而他們對我的感覺亦是如此。然而最後，我對於政治事務顯而易見的誠心，總算是打動他們，於是他們的態度也較為放鬆。

這次會面之後，我開始參加國民黨的許多祕密集會，見到越來越多的革命志士，其中還包括當時住在日本的孫中山先生。

我在這次聚會上沒能和他談到話，但我仔細聆聽他說話，他的冷靜和強烈的個人特質，令我留下深刻印象。聽他講話，就能立刻感受到他的個人魅力，他的聲音沉靜，富有遠見的講話內容，令人深信不疑。

經過幾個這樣的禮拜，我宣誓加入並永遠效忠國民黨，絕不動搖在中國建立民主政體的決心。並且發誓，若有必要犧牲，我願意為此就義，付出我的生命。

漸漸地，他們接受我，成員們向我解釋他們的行動計畫。首先必須推翻滿清政府，他們認為，只要現在的滿清政府繼續握有大權，就什麼也無法改變，因此為了達成這個目的，他們已經策劃在中國各處起義。

大家討論過無數的途徑與方法，不斷檢視分析困難點。這段日子，我每天都是興奮之情溢於言表，我不懂為何堂哥的家人沒注意到，也全然不好奇我在忙些什麼。我們討論了更多的計畫，如果我回到中國擔任情報員，很明顯地對整個組織會更有幫助。

隔天我去找堂哥，帶著一副疲倦厭膩的樣子，告訴他我發現自己不是很習慣日本的天氣，我想還是回家好了。我說出這些話的時候，他有些驚訝，但我徹頭徹尾把自己打扮成一名輕浮、任性，初入社交界的女子，於是他也聳聳肩，不是很贊成，但也沒多和我爭辯。

所以，我回到家開始了新任務。我的角色是國民黨當地的郵件書信的情報員。因為父親擔任官職，寄到我家的書信並不需要經過審查。此外由於哥哥當時是名大學生，因此陌生的年輕男子，可以假裝是他大學同學，在我家進出。

我知道，就一個十五歲小女孩而言，這些經驗很離奇，而且大家可能會覺得中國人都這麼奇怪嗎？畢竟我當時是個妙齡青春女子。又或者大家可能會覺得我過於誇大，或像是在編小說。

事實上，兩者都不是。我當時在情緒管理上並不是個很成熟的人，未來幾次事件將證明這點。但同時，我也有一種奇怪的特質，能夠去過成人般的生活，可能是因為年輕時動盪不安的時代使然。

一個在富裕環境下成長的男孩，到了二十二、三歲依舊是個男孩，但如果那個男孩在十八歲時遇上了戰爭或革命，很快地，他的態度便會蛻變成一個能肩負起責任的男人。

這場戰爭1的年輕飛行員就是很好的例子，他們現在都是成熟且有經驗的男人了，但兩年前，他們也才不過是個求學的孩子（去年〔一九四二〕美國空軍基地福利商店似乎貼了張宣傳海報，上頭印了有趣的插畫，說明和平時代下成長的男孩與戰爭時代下成長的男孩有何矛盾之處。上頭印著：「二十一歲以下成年人，缺乏雙親書面同意證明，不得購買酒精飲料」）。

其實，我的情況大概是跳過某段時期。那段期間，大多數女孩只對男孩、服飾、首次出席宴會感到興趣，每天大部分的時間都在分享彼此青春期的悄悄話。

由於時代背景的關係，我很自然地就會投入政治議題，參與暴動、刺殺，以及革命等行動。當然，許多方面而言，我既天真又不世故。在去日本之前，在餐館裡如果沒人幫我，我還不會點餐付錢；而我的成長過程，就是會讓我不懂得如何處理生活上的小細節。此外，像我這樣的人，你們可能會用「容易激動」來形容，也就是激烈之舉、戲劇化的事件、令人興奮的街頭示威，或是熱情澎湃的演說，在我心裡總會被特別地放大。

在父親位於北京的家中，我繼續扮演一個愛好藝術的女孩。我從日本回來時，父親不大能諒解，他說我變得懶惰，缺乏我在小女孩時期所擁有的企圖心。他認為我應該繼續學業，但總是擅長編造理由的我告訴他，我認為每個中國女孩子都有義務徹底了解自己的國家，因此我想以自己的方式學習，而非繼續學校既有的一般課程。

我說我想和幾位學者專家見面，找出人民的需求，為人民的痛苦尋求解決之道。這時候的父親成了一個精神委靡的男人，對於周遭生活的混亂更是漠不關心，所以他並沒有說太多，就尊重我的決定。

為了解釋我為何頻繁出入家門，我告訴母親，我和一些朋友組了一個社團，目標是開設學校，並更進一步徹底學習中國相關的事務，換言之，就是一種社會福利工作，我媽完全贊成這個計畫。

因此，我和哥哥（他是唯一知道我祕密的人）在我們家裡，繼續打造一個像樣的革命總部。

北方的國民黨成員包括年輕人、長者、幾位女性，以及幾位禁衛軍的官員，還有一些北京最有錢的人。其實我並沒有真正見過或認識所有成員，或許都只是時有所聞。因為若是所有人同時聚集於相同的地點，恐怕會釀成危險。此外，有些成員的價值即在於他們的沒沒無聞，通常只用一個代號，或一串地址來表示，只有在執行任務時才會用上這些資訊。

此時，南方的革命行動比北方來得積極。國民黨總部先設立於廣州，再遷到上海，當孫中山先生身處中國時，會親自在那兒帶領革命同志。

當時，在北方革命運動開始的前幾個月，主要的工作是組織。我們的國民黨分部總算成立，分成好幾個部門，負責處理政治、財務、軍事，以及其他重要事務。我奔波忙碌於祕密會議，通常接送我的人就是忠誠的僕人董五。

之前我曾經提到董五，容我再詳細介紹他。他在北京長大，從未上過學，但是極為聰明，他在我們家當僕人已經很久了。從一開始我就讓他知道我的祕密，因為我很早就發現他對革命很感興趣，而且是個熱心愛國的人。董五真的是個很傑出的伙伴，在那些動盪不安的時代，他忠心耿耿，替我們家做事，不只是我的貼身護衛和僕人，他亦從事個人被指派的任務。他好幾次面臨險境，幸好都化險為夷。事實上，他的三名兄弟也加入革命行動，但最後遭到袁世凱的特務殺害。

董五總是拒絕接受任何由於執行任務所給予他的補償，幾年後，當大局穩定下來，我們讓他出任重要的職務，作為對他付出的酬謝，但他拒絕了。他說：「我無法勝任這個工作，我沒有受過教育，可能會做錯事，國家和我將因此蒙羞。此外，現在我有了家庭，並且我覺得自己對國家已沒有用處，我會退休，與妻子小孩共享天倫之樂。」

當然，董五說得沒錯，像他這樣的男人，在革命活動初期是不可或缺的，但一切越來越成熟後，很快地他就無法再幫上忙了。然而，在革命後期，董五的人生有了令人愉悅的轉折。

後來，他陪我去法國時，向我表達自己想經商的念頭，我聽從他的選擇，在金錢上給予資助。相信嗎？他開的是一家美容院，後來董五飛黃騰達了。爾後也證明，投入革命對他來說並不是浪費時間，他的兒子後來成了一名醫生。

在我專心投入革命活動的時候，我也不斷尋求外面世界的知識。哥哥和一家歐洲的公司很熟稔，也介紹我認識許多外國朋友，我很高興能跟他們說話，並了解歐美當時的局勢。

哥哥和我在北京、天津由許多使館成員和商貿組織的社團中都相當活躍。相較於其他城市，在北京的外國人總是比較融入。這裡是中國政治和文化生活的重心，是個非常迷人的城市，有其獨特的風采氛圍。

對於那些明白北京過去輝煌歷史的人，這裡是世上獨一無二的地方。在這樣舒適的環境下，外國人與中國人有許多共同的興趣——藝術、文學，以及由最優秀的中國料理廚藝帶來的滿足。

我們時常在北京六國飯店2午餐，這裡是北京最新潮的飯店。每天下午，我們和朋友們一起享用英式下午茶，並和他們在北京附近的山區騎馬。騎馬行程通常會以精緻的野餐作為終點，並於一座古寺裡享用中國美味和西方的三明治點心。這樣的生活自然是開心的，我也很喜歡結交朋友，所以我如魚得水，徹底享受這種生活。

另外，我也學到很多國外西方世界的知識，擴大了視野。許多外國朋友對於在守舊滿清政府統治下的我們，深表同情，小心翼翼地表達他們對革命行動的支持。這些啟發了我，鼓勵我更努力為先前被指派的國民黨政治事務部工作，也更加強我的信念，更相信我們終究會成功的。

這就是我在一九一一年夏天的生活。十月，我們從信差那兒得知南方的武昌與漢口爆發了起義行動。幾天之後，我們獲得更多訊息：大多數的省份都爆發起義行動。國民黨在湖南、江西、陝西的起義，很快就宣告成功。第一次起義不到三個星期，便有超過十個省份加入革命行動。

滿清政府派兵鎮壓起義行動。第一次的征伐不成功，第二次由袁世凱領軍則小有成效。

看見城牆上那些遺留的字跡，雖然滿清政府依舊掌控中國北方的大部分，但他們也感覺到自己的政權已如風中殘燭。絕望之下，他們最後的行動是尋求休戰，並指派唐紹儀[3]與革命志士協商。滿清政府接受所有革命黨的要求，除了有關退位的事宜之外。

他們同意中國轉型為君主立憲的國家，但是革命黨堅持建立共和國，並廢除滿清皇室。為遵循中國傳統，表達對前統治者的禮貌，在他們退位後，新政府將會提出清帝退位優待條例。

一九一二年一月一日，革命志士於南京成立中華民國臨時政府。由孫中山先生任總統；林森4（後來的國民政府主席）任立法院院長；王寵惠5任外交部長；其他革命志士也從海外回國，擔任新政府要務。

和平協商不斷拖延，最後的爭執還是在原地打轉——究竟要採用何種政府型態？許多革命志士對拖延感到不甚滿意。

派兵一舉將滿清政府趕出北方，並不是件難事，但南京政府領導者希望能避免不必要的傷亡。他們指出，若是出兵北方肯定會犧牲雙方數千人命，在中國北方，我們的領導者是李煜瀛6先生，他是著名學者亦是哲學家，也相當支持上述政策。他問：為什麼要採取如此犧牲的策略？畢竟這時阻礙我們的只剩下幾位關鍵人物。我們需要的是幾位大膽的自願者，利用各種方法，除去障礙，這是達成我們的目標最人道的方式。

那天李煜瀛的論點說服了我們，我們採用了他的計畫。自願者立刻挺身而出，組織了一個國民黨「敢死隊」。大家都同意，只要小心除掉幾名阻礙人士，革命就能完成。未來就在不遠處，就在精密的準備工作之後。

注解

1 原文並未指明哪場戰爭，但依前後文研判應是指第二次世界大戰。

2 Hotel des Wagons-Lits：六國飯店乃英國人於一九〇〇年建造，曾經是外國遊人、上層人士出入的場所，並且是下台的軍政要人的避難所。

3 唐紹儀（一八六二－一九三八）：清末民初政治人物、外交家，山東大學首任校長。一九一二年擔任中華民國首任國務總理。一九三八年九月三十日，被國民政府軍統局特務暗殺於上海。

4 林森（一八六八－一九四三）：政治家。清末期間參加反清活動，一九〇五年加入同盟會，辛亥革命時任江西九江軍政府民政長。一九一七年，任廣東非常國會議員、護法軍政府外交部長；一九三一年起任國民政府主席長達十二年。一九四三年，在重慶車禍去世，享年七十六歲。

5 王寵惠（一八八一－一九五八）：廣東東莞人，生於香港。政治家、外交家、法學家。歷任外交總長、司法總長、國務總理、代理行政院院長、第一任司法院院長等職務。

6 李煜瀛（一八八一－一九七三）：字石曾，曾隨清駐公使孫寶琦到法國留學，一九〇六年加入同盟會。曾任北京大學教授，創辦中法學院、中央研究院。

伍

偷運彈藥驚魂記

那個時候，我們在北京沒有火藥或炸彈，能取得的最近地方是天津。我自願運送炸藥。身為女孩，我比男人更能掩人耳目，並且因為我是官員的女兒，更容易來去自如地穿梭往返。比起大多數人，鐵路局員工或是其他官員比較不會刁難我。

在董五的護送下，我立刻前往天津。我在國民黨天津的集會室裡和大夥討論，最後決定，我會帶兩只手提箱回北京，一箱空彈，一箱是炸藥。整個晚上，我熬夜策劃商討，反覆打包行李，並和董五演練一次我們的安排。首先，他穿上亞麻罩衫，頭戴軟布帽，喬裝成腳伕，在這身裝扮之下，他就能混進火車站那群腳伕裡面。等到我的黃包車停妥，他很快跑過來，抓起我的行李，如此一來就能避免被不認識的腳伕搬走，他們會懷疑裡面怎麼那麼重，到底裝了些什麼。同時間，還有兩名革命同志扮成警衛，在火車上來回走動，假裝不認識我，但密切注意我，若有什麼緊急狀況就上前幫忙。最大的難題，莫過於北京的通關檢查。我們必須想辦法讓行李箱在不被打開的情況下過關。此時，對革命感同身受的跨國友誼幫了我大忙。夏天時，哥哥和一位歐洲國家公使館的年輕外交官成為好友，他發現雖然這個朋友無法正式做出什麼支持行動，但非常能理解我們的目標。這個朋友有外交特權，想當然爾，不須經過通關檢查。於是他決定化同理心為行動，安排和我約在通關處協助我離開。

一切如計畫進行。董五在車站搬了我的行李，把我安置在火車包廂裡後就消失了，回來時他恢復宦官之家的傭人身分。另外兩名革命同志在走廊上來回巡視，時不時就往我這邊看。我還碰到朋友。他們開心歡呼地朝我走過來，在我的包廂裡坐下。我腳下放著一大堆炸藥，腦袋焦慮地不停思考，整趟旅程大部分的時間我必須強迫自己輕鬆談天。這可能是件好事，因為這讓我看起來更單純。只是這趟旅程感覺好漫長，就像某些噩夢，那些讓人討厭、五味雜陳的感覺和事件好像會不斷出現。

我們終於駛進北京城。我倚著窗戶，視線穿過人群，嚇到手足無措，現在就要面對整趟旅程最冒險的部分。但哥哥的朋友已經在等候了，他看起來溫和而冷靜，露出一抹微笑歡迎我——典型外交官該有的表情。我們熱情地向彼此打招呼，繼續走向通關口。路上，他以響亮的聲音和我說話，但一邊微微勾起嘴角偷偷告訴我，說他和我哥已安排好我儲放炸彈的安全地點，等到晚上就可以帶到國民黨總部。

我們像一陣微風般輕鬆過關，直奔第一個藏匿地點。傍晚，我再次拿起我的行李箱，帶回城裡中國人的區域。在那裡等我的革命同志原本歡天喜地的——幾個小時過去後，他們已經認定哪裡出錯了，差一點就對我放棄希望。大約有三個月的時間，平均一個星期兩次，我會拖著彈藥往返於天津、北京之間。在毫無困難的情況下，我完成一次次的運送工作，不免開始輕忽了這個任務的危險程度。最後，我們計畫所需的彈藥幾乎已經足夠了，我只需要再跑個兩、三趟即可，於是我決定跑一趟就好，如果我用更大一點的行李箱，就能帶回剩下的彈藥。天津和北京之間的火車幾乎全是特快車。天津是京奉鐵路上北京前最後的一個大站。如同往常，抵達北京前停的站很少。頭等艙還滿豪華的，包廂間由走廊連通，有值班的男僕伺候。

最後這一次運送，一如往常由董五引導我入內，但是我還來不及為這三個小時的車程安頓好，其中一位列車男僕就進到我的包廂，指著那個巨大的行李箱，說那太大了，不能當作手提行李，一定要經過檢查。想到自己可能會碰上什麼小麻煩，我以前就常給這名男僕打賞，這樣他會因為感謝而願意幫忙，但現在的情況看來，他可能害怕自己會丟掉工作，所以他堅定而有禮地要求我讓行李箱放到行李專用車廂。最後，我們各退一步達成協議，我說等列車長過來我就會拿過去放。

我害怕極了，任何一個陌生人只要隨便一扛，都會起疑，因為這行李至少將近七十公斤。連力大如牛的董五，在車站為我搬運時，腳步都有點不穩。

我不知道該怎麼辦才好，只希望自己能用口舌說服渡過這道難關，雖然還不知道該怎麼做。我站起來，希望裙子能遮掩住行李箱的大小，一邊等待列車長到來。我看見他靠近，鬆了口氣，因為我跟這位列車長很熟。他偶爾會告訴我一點關於他的生活，妻子和家庭的事。他一進到包廂，我立即熱情誠摯地向他打招呼，並問了他一大堆問題，像是他家人好不好等等的問題，使他分心，不會注意到我的行李箱……他那位好老婆近來可好？還有他可愛的小兒子呢？等等。列車長是個喋喋不休的老先生，看見我這麼關心他，他很高興，於是他開始跟我慢慢聊，一切彷彿永無止境。然後他突然想起自己還有工作，便趕緊退出包廂，也沒注意到我的行李箱。

那個男僕回來時我告訴他，列車長說可以放這裡，他不需要擔心有任何違法的疑慮，一切都沒問題。我才剛坐下來鬆口氣，過沒多久，另一個危險又出現了。這時，行李箱放置的地方，也就是我的腳下，發出嘶嘶的迸裂聲。現在我應該要說明自己對炸藥和爆炸物一無所知，但我擔心整個行李箱會發出更大的聲響，早晚會爆炸（通常會是較早）。面對緊張發問的我，天津的朋友起初開心地笑我傻，然後說只要我沒把行李掉落到地上，「炸彈就不會爆炸」——這只顯示出，在某些議題上，我的認知還不及今天一般的十歲小孩。現在我相信我的大限已經到了。炸彈已經準備爆炸，而我束手無策，只能等死神上門，我真的嚇到僵在那，但半晌的時刻內，我混亂的思緒開始演變為英雄式的想像。我想到家人和朋友會為我哀悼，那畫面既美好又淒涼，他們會說：「她好年輕就去世了」。我心裡浮現一個畫面，南方國民黨聽見我犧牲成仁的消息，孫中山先生會為我寫下紀念碑文：「鄭蘇梅，北京的愛國女子」。在此同時，那萬惡之源仍舊發出劈啪、砰砰的爆裂聲。然後彷彿是本能一般，我站出來面對死亡，而不是坐以待斃。我的手伸到下面，用力將巨大的行李箱抬到座位上，我隔著一點距離看著它，雙腳堅定站立，雙手交叉環抱，等待爆炸的時刻。幾秒鐘過後，什麼也沒發生，我開始注意到整件事情有點怪異。聲響還持續著，但聽起來不像是從行李箱發出來的。忽然之間，我感覺自己要高興得暈過去了，我看見座位下，一個管子冒出一小股蒸氣的煙霧，才知道剛剛那該死的聲音，全是來自散熱器。我立刻感覺雙腿一陣寒冷、虛弱，一瞬間我不知道自己該昏倒或是大吐一番。雖然我漸漸平靜下來，但抵達北京車站時，我的臉一陣灰綠，連要向我的外國友人打招呼都極為困難，他如常出現，總是擺出那副泰然自若的樣子。當然他也發現有些不對勁，但是他毫無表示，也沒問我，我們通過外國人專用出入口，沒有任何阻礙，接著我們直接前往那幢房子，那是我們的軍需品臨時堆積處。卸下了重任告一段落，我站起來和一位革命同志說話，突然間，我露出一抹微笑，閉上眼睛，整個人倒在地上昏厥過去。在那之後的兩個星期，我的身體狀況都不太好，我想是一直以來累積的壓力爆發，產生的影響。現在任務結束，又沒有新的刺激來支撐我，所以我便不支倒地。

由於北京越來越危險，朝廷的局勢也更加緊張不安。我的家人和其他負擔得起的人都逃到天津。所以後來，我也去那找我母親並休息了一陣子。對於我這陣子忙進忙出的事情，她肯定也起了疑心。假如她有問題問我，她就會用很不一樣的表情看著我。我決定誠實以對，告訴她所有的一切。起初，她嚇壞了，感到非常害怕。不過我仔細地向她解釋國民黨的目標與理想，最後她終於淚流滿面、羞怯地說，她願意做任何事情幫助我，她覺得我的工作很好，但是請我「務必、千萬要小心」。

是時候了，該落實我們的計畫，有所行動。我們在北京城前門附近租了另一幢房子，在那裡製造炸彈，一切就緒後，我們舉辦大型會議決定第一步的行動。

陸 暗殺袁世凱和良弼

滿清皇室依舊拒絕退位。然而我們知道，皇室家族正活在恐懼與害怕之中，只要他們的大臣允許，他們便會退位。這些人之中，我們認為最主要的就是袁世凱，他是改革後的滿清政府的內閣總理大臣，以及陸海軍統帥。他是個十分有能力的男人，從青少年時期就為滿清皇室效命。我們相信，若想說服他改變對於皇室退位的立場，很自然的，我們就得讓他在未來政府裡佔有一席之地。所以我們決定破解這個窘境，盡早除去他這個關鍵的阻礙。

因此，所有必要的安排，目的都是為了刺殺袁世凱。時間選定為一月十六日早上，行動現場是丁字街的某一處，這是袁世凱的馬車每天早上慣例會經過的地方，從幾幢建築內可以俯瞰這條街。考量到袁世凱貼身侍衛的陣容，我們認為有必要派出「敢死隊」的十二名成員。計畫是在目標人物出現的周圍，以環型的方式部署我們的自願者，同時朝他丟出十二枚炸彈，至少會有一枚擊中目標。前天晚上，十二名自願者就分散至指定地點，等待隔天早晨死亡與榮耀同時到來的時刻。

不過，那天晚上，總部一名特派信差帶著重要指示抵達，他說取袁性命的計畫必須立刻取消。理由是最新消息指出，造成目前雙方僵局的關鍵人物並不是他。真正的阻礙是良弼將軍，他是滿清位階最高的將領，對皇室施加重大壓力的人就是他。

這些意料之外的指示引起我們的騷動，但是我們已經沒時間修正這個情況。我們召集所有能幫忙的成員，尋找分散各地的自願者。由於自願者的每個行動都必須祕密進行，我們很難找到他們的所在地點，就像朝廷特務也很難找到他們一樣。幸好我們努力聯絡上其中八位，但到隔天早上時，另外四位依然下落不明。

雖然前一天整晚，我無法控制地情緒激動，但我必須找出失蹤的自願者，持續搜尋至命運的時刻。我知道他們肯定在指定現場周圍的某處，也就是北京城其中一條主要幹道的交叉口。我相當激動，因而氣喘連連。我走到那裡，即使很渺茫，依然希望自己能救出我勇敢的同志，讓他們免於即將到來、不必要的危險。只可惜，與我四目交投的只有一大堆不認識的路人，我在他們之間狂奔穿梭，並沒有引起任何注意。我好想用力叫出他們的名字，但附近有警察，這樣一來，肯定會為大家招來災難。心中的牽掛讓我快要發狂，感覺到災難可能近在咫尺，再過幾秒就要發生了，我快馬加鞭，加倍努力，但一切都是枉然。

然後，突然之間，一切發生得太快了，我看見一輛座車經過。錯不了，這是袁世凱的座車！只有他的座車周圍才會有這麼多侍衛。眼看著越來越靠近，我的心跳彷彿就要靜止。死神更靠近了——沒錯，袁世凱即將帶著官員的榮耀死去。除此之外，我的「敢死隊」同志也很有可能以英雄的方式死去，他們真的敢於為了這個目標而奉獻生命。

現在已經無法阻止了。人群暫時遮掩了我的視線，而同時，我聽見爆炸聲響和驚嚇的哭聲。人們在瘋狂驚慌的情況下，四處奔逃。炸彈丟出來了，我以為袁世凱已經死了。

想到這件事情，所有壓抑的情緒便一湧而出。雖然總部有不同意見，但我仍然認為袁世凱是蓄意的阻撓者。那聲爆炸刺激了我，在喜悅的情緒下，我掏出我的槍朝天開火——純粹為了好玩——就像蠻荒西部時代吶喊高呼的牛仔，我興奮地跳上跳下，陶醉在大眾的喧鬧聲中，並為我的同志那英雄的事蹟感到光榮、快樂，我開心地放任自己又開了一槍，我想這次射到了一匹馬（我至今仍然後悔這件事）。但我錯了，我拇指的一塊肉被夾到了，即使到現在我還是不夠了解槍枝武器，無法清楚解釋，不過我相信是因為扣扳機時被卡住的緣故。

突然間，我發現自己正面臨很大的危機，可能會被捕。我鬆開手，把槍枝丟入人群之中。我的手不停地流出鮮血，我知道光是這樣就足以讓我被檢舉，於是我把手插進口袋裡，混在人群中，又停留了三十或四十五分鐘，同時完美扮演著憤怒旁觀者的角色。我盡可能靠近警察，並且用他們聽得見的聲音說：「嘖！嘖！嘖！真是太可恥了，這些可惡的人，什麼革命分子，要是沒有警察該怎麼辦才好」等等的話。

同時，我也四處張望尋找同志們。我不停地祈禱，希望他們還是能及時逃生，但可怕的是，我得知其中三人當場被抓到。只有一人安全逃脫，這位丟出炸彈但因幸運之神眷顧而順利逃脫的人，幾年後在我丈夫出任司法行政部長時，擔任其祕書，表現傑出。

最後我已經什麼都沒法做了，便從人群中溜出來，約莫兩個小時後就回到家了。我把手伸出來，口袋裡都是血。我想自己真的非常幸運，穿了件這麼厚的外套，否則我的側身會全部被染上遭人指控的紅色。

可惜的是，接下來中國歷史上的事件，也證明了這場炸彈攻擊並沒有除掉袁世凱。他的侍衛隊長和座車的一匹馬死了，幾名騎兵受傷，但袁世凱幸免於難。

我們的三名同志被逮捕，分別是楊禹昌[1]、張先培[2]以及黃之萌[3]，他們勇敢地自白說出動機，最後遭處決。他們活著時是個英雄，死去時亦是英雄。損失他們，令我們哀悼，但是他們偉大的犧牲，讓我們下定了更崇高的決心。唯有革命獲得最後勝利，才算是替他們復仇，也才能證明他們以及過去已經犧牲的同志的行為是光榮的。

現在，我們準備對付真正的犯人——良弼將軍，他不想看到由自己當權的朝廷瓦解崩潰。而他正是那個說服滿清皇室坐守宮中的人，不過我們並不清楚他用了什麼方法說服他們。

我們清楚記得刺殺袁世凱的失敗經驗，要排除每個機會的不利因素真的很難，尤其每位將軍都有貼身侍衛。最後滿清軍隊一位官員彭家珍，自願單獨執行這個任務。他認為只有穿著制服的軍官才能真的接近將軍，因為他可以藉口公務指令，請將軍謁見。

我們很早就調查出良弼將軍習慣離開辦公室、返回家中的時間。這個重大冒險的行動時間，設定在一月二十六日下午。前一天，二十五號的傍晚，彭家珍和我們在一起，我們討論著各種話題，試著表現出冷靜、樂觀的樣子，但想到同志即將犧牲，心就沉沉一落。他是個年輕有為、英俊的男子，在軍隊的前程似錦。他說著話，想到關於他的這些事，我就難過又生氣。但是他表現出全然的鎮定，一點都不為此困擾。在他離開我們之前，他靜靜地說：「我真的很高興能以這種方式去見列祖列宗，假如我能再多活幾年，可能也不會做出如此有貢獻之事。」他停下來和我們每個人道別，我們祝福他這危險任務能順利達成。他離開的時候，看著這個穿著軍服、年輕、勇敢、榮耀的身影，我禁不住落下眼淚，我那愛上這位瀟灑軍官的姊姊，在他從我們的視線消失後，整個人就不支倒地了。

隔天早上，我們什麼也不能做，只能等待並祈禱，所有人都戰戰兢兢。只能擔心牽掛、不能有所作為，比起真正的危險行動，更讓人覺得痛苦難受。時間一分一秒地過去，漫長而令人疲憊的等待終於被打破，我們聽見遠方傳來模模糊糊的爆炸聲響。「一切都結束了！」李煜瀛語氣沉重地說，那聲音聽起來幾乎不像他的聲音。李煜瀛，是炸彈暗殺技巧的發想者，他為人善良，愛好和平，他感覺自己對於那些落實他想法的同志們，有深切的責任。心志堅定的革命者如他，仍然會為這樣的志節感動，淚流滿腮。

當下，有股衝動逼著我跑到事發現場，我想親自看看那位將軍和我那忠誠的同志，面臨了什麼樣的命運。我從旁觀者的消息得知，彭家珍在適當的時機去了將軍家，並在門外說自己是來自奉天4的信使，有緊急軍情，請求將軍謁見。但將軍尚未返家，所以他就在庭院等著。幾乎是在同時，一輛馬車停了下來，將軍走下馬車的時候，彭家珍立刻接近他，將軍感覺事情不對勁，隨即往後退，並大聲吼說：「你是誰？你想做什麼？」

彭家珍不疾不徐地說：「我是來自奉天的信使，有緊急軍情相告，」他一邊將手插進口袋裡，快速掏出炸彈，完全不讓將軍有機會逃脫，他故意將炸彈丟向門口邊也是他身邊的石獅子。爆炸的威力使彭家珍當場死亡，良弼將軍則是隔日傷重不治死亡。

滿清皇室最信任的將軍死去之後，他們也很難再仰賴袁世凱，皇室成員總算知道沒有什麼能阻止我們達成目標。王公貴族紛紛離開北京城。不久之後，便召開一個會議商討退位問題，現場只剩下少數親王，大家顯然都明白中國歷史又將改朝換代，所以共和黨人請求皇室退位，亦無人反對。

因此，袁世凱受命與革命黨人進行談判，結果很快就出來了。一九一二年二月十二日，隆裕皇后（輔佐養育當時的兒皇帝）頒布退位詔書。三天後孫中山先生即向臨時政府請辭（為遵循先前答應袁世凱的條件）。即使大眾強烈期盼他重選總統，但他還是秉著崇高的理想，只希望全國各地能以最快速度團結起來。由於孫中山先生請辭，袁世凱被選為中華民國新任臨時總統。

注解

1 楊禹昌（一八八五—一九一二）：字敏言，四川資州人。十九歲時赴京，入讀陸軍師範學校。畢業後被派往清河陸軍中學堂任教，武昌起義後參加京津同盟會。

2 張先培（一八九〇—一九一二）：字心裁，祖籍麻江縣下司鎮芭茅沖，同盟會員。

3 黃之萌（一八八七？—一九一二）：字季明，貴州貴定人。

4 奉天：為清朝的二十二省級行政區之一，是東北三省之一，即今瀋陽市。

柒 被袁世凱釘上

中華民國的誕生是中國悠久歷史上的新紀元。我們歡慶革命成功，並對新的中華民國有很高的期許，期盼快速的發展，成為世界上優質、現代、民主的國家之一。一陣歡天喜地的慶祝之後，接下來就是一連串開國的作為。我們想到，許多同志為了革命，做出重大犧牲，我們為他們哀悼。同時我們對於國家深切的期望也蒙上一層陰影，原因出在國民黨和保守黨之間的鬥爭，爭議點是：新的議會是否該維持責任內閣制或是採用總統制。國民黨傾向前者，保守派傾向後者。正常的情況下，我們應該尋求民主程序，來解決意見分歧的問題。但從袁世凱的行動看來，主導保守派的他，不禁令人懷疑他是否採取一些可疑的手段，確保自己能獲得足夠票數，嘗試得到有如獨裁者的權力。

這種情況很顯然只能由國民黨內能力可勝任的領導者來處理。我們這些年輕的成員什麼都不能做，只能聚會、談論並緊張擔憂。經過前陣子那些緊張又危險的任務之後，強制停止動作真令人感到難受。當然啦，我們的雙眼和雙耳隨時盯著袁世凱和他團隊的一舉一動，但只發現這一切徒令我們灰心喪氣。

我沒精打采地在家中、花園裡閒逛，食不下嚥，輾轉難眠。我試著找回以前的興趣（有一陣子我稍微學了點烹飪），並重溫陪伴父親的時光，然而，這些事情無法令我寬心。我感覺自己像是一艘無舵的船，漫無目的地四處漂流。最後我的身體也覺得不舒服，好像真的得了什麼病似的。事實上，這只是我緊張不安的反應使然，即使我經歷了這一切，我終究是太年輕了，我不懂如何懷抱願景，或像我們領導人的內心秉持著一股安定的信念，敦促自己前進。然而，我還是長途步行，像個失掉靈魂的人般，以沉重的步履走遍整個北京城和附近郊區。

當李煜瀛先生對我們未來的行動提出了建設性的計畫後，這段陰陰鬱鬱的時光才算結束。他說，雖然這段時間還處於動盪不安時期，但中國還是非常需要我們。他指出，關於共和國政體的建立與發展，孫中山先生的計畫乃需三個連續的步驟，才算完成——首先，必須以軍事行動對抗守舊人士；接著，必須執行政治指導的工作，讓人民了解民主政府的義務；最後才是成立落實憲法的政府。第一個步驟已經完成，我們現在正執行第二個步驟，然而我們——也就是「火炬手」——必須接受更高的教育，擁有更寬廣的眼界，如此一來，日後我們才有資格教育、領導人民適應新的政體。若是教育程度不足，人民永遠無法自治，也無力對抗威權的高壓專制。他心裡惦記著這個目標，並建議我們應該盡可能繼續在國外，追求更高的學識涵養，回國後運用所學，服務國家。

李先生與許多外國政府也做好了安排，讓中國學生不需要花費太多，就能進入當地的大學。

李先生的遠見令我們深深折服，每個人都慷慨激昂，許多人甚至想馬上打包行李，隔天就飛出國。我自己也想走，畢竟我老早就想去法國。但其實在我的同志告訴我這件事情之前，我也很清楚，為了我的家人以及另一項更重要的使命，這個時間還不能出國。我認為，留在這裡，協助無法出國深造的黨內年輕成員團結一致，是我更有用的地方。

關於這方面，我們做的第一件事情就是出版小報。我們其中幾個人負責撰寫、編輯和印刷工作。我們把這份報紙命名為《愛國報》，雖然我們現在回過頭來看，肯定會覺得那樣的刊物很好笑，但是這份報紙確實發揮了對於黨組織的功用：使成員熱中並積極參與黨的事務，且讓黨員之間能保持聯繫。

我們的報紙很快就引起袁世凱的注意，最後他對我們的動機感到非常困擾。他似乎認為我們的刊物，只是我們的黨發動更進一步革命行動的預兆。我們無時無刻都被他的特務跟蹤，一舉一動都被向上呈報，但這只會更燃起我們的熱情，讓我們繼續奮戰下去。

與此同時，國民黨和保守黨之間的政治鬥爭仍無止無盡。我們的注意力放在即將到來的新一屆議會委員選舉。越來越明顯的是，袁世凱處心積慮，用盡各種手段，想讓自己的追隨者充滿整個議會，如此方能實現他的野心大計。

我們國民黨的年輕成員，雖然力量不大，但也用盡全力協助我們的領導人，阻撓袁世凱的計畫。至於袁世凱，他派了許多特務，努力想說服我們。某天，其中一位特務來找我，手腕非常圓融，他說政府曉得我過去的傑出表現，認為我未來極有可能為國家做出重要貢獻，如果可以，他很樂意和我談談關於出國留學，費用負擔方面的問題。我不是那麼容易受外力影響的人，我的態度也很明白，他應該不會再有疑問了。

當言語說服的方式無法阻止我們之後，那只好用威脅了。我下定決心，要站穩自己的立場，為我們的理想戰鬥到最後。

在這些反袁的革命分子中，有位吳先生，他長年離鄉背井，現在決心要阻擋袁世凱當選，所以計畫了宣傳活動——在所有重要報紙發布一系列文章——告知並喚醒大眾意識。

但他面臨許多問題。袁世凱在任期之初即建立嚴格的審查制度，沒有他個人的准許，不得出版刊物，然而吳先生並未因此裹足不前，他用自己的錢印了上千本小冊子，並打算靠一己之力發行這些刊物，從南京開始，流通至中國南方、中央地區，所有他能力可及的地方。

那天，吳先生正搭乘火車前往南京，手提箱裡裝滿了「危險刊物」。然而我們其中一名成員卻在會議中途衝進來，大叫說有人在河道上發現吳先生的屍體。

我和其他幾名成員立刻趕過去。我們必須盡快抵達案發現場，這很重要，不能讓袁世凱的警察有時間消滅謀殺者遺留的痕跡。我永遠不會忘記低頭看著他的屍體的時候，當下那害怕、憤怒的情緒。吳先生被刺了十一刀，有三把刀仍然插在他的身體上，一件淺藍色的中式外套被丟在附近地上，上頭染了長長幾條血跡，刺客大概是用那厚厚的亞麻布料擦拭兇器。

我們盡全力追查行兇的人，有一、兩名警察隊的年輕人也幫了我們一些忙，他們一直以來都很同情我們。想當然，這事情肯定是袁世凱的特務（這些人也知道他們）幹的，他們沒有留下什麼痕跡，所以我們費盡力氣，也很難找出間接證據。此外，我們組織內也有間諜阻擋我們。

記得我有次在會議上演說，告訴讀者們，吳先生本來計畫要讓這本刊物在中國各地流通，我說這件事無需多說就可知道幕後黑手就是袁世凱。

突然間，集會中有個人大聲說：「但未必是這樣啊，報紙一直不斷發表文章，攻擊政府，袁總統不可能只因為記者反對他，就試圖壓迫記者，這是沒用的。」

他用了「攻擊」這樣的字眼，裡頭帶著輕微批判，看見一名成員洩漏自己的情緒，這對我們有很大幫助，因為我們很快就辨識出那名男人就是間諜。接下來的三、四場會議上，我也特別說了類似的話，引誘他們，發現六個或是更多同黨。我們每次討論重要事情時，總算可以不讓他們在場，但主要集會還是照常，我們並不想讓他們知道自己已經被認出來了。

某天傍晚，一名總是幫助我們的政府警官，突然出現在我家，說有非常緊急的事情要見我。我以為他是要說關於吳先生命案的事。但沒這麼幸運，他是來警告我的。光是出現在我家，都讓他感到十分憂慮和恐懼，他說我必須馬上離開這個城市，袁世凱認為我很危險，已經確定要讓我步上吳先生的後塵。

我完全不想離開，於是我開始說著激烈的論點，大膽地說出「讓他們來啊，讓他們試試看啊」。最後他向我肯定地說，其實他知道更多關於吳先生之死的事，只是沒說出來，他說他知道我一定會被除掉，且會以很有效率的方式被除掉。

這是他最後勸我的話：「我十分肯定你會被殺。如果你留在這兒，迎接死神又有什麼意義？等你變成一具屍體，就不可能再為革命效力了。」

因此我決定馬上離開北京，與還住在天津的母親團聚。

每次我回到家，家裡和平的氛圍與黨部活動的紛亂竟是如此強烈的對比，總會讓我很驚訝。為了不讓媽媽擔心，我很少告訴她自己處於什麼樣的險境之中。我會跟她說，我回來是因為身為一個女兒，我想見她，也想看看家人。

家裡與我在外生活的世界截然不同，那個世界看起來好像一場記憶裡模模糊糊的夢。家中一切如昔，彷彿外頭沒有任何革命活動，一切都沒有變。家中每天照例有數百件瑣碎的日常小事，而平常的生活模式是悠閒、平靜的。祖母堅持嚴格遵守傳統禮節，一樣都不能少：去見她的時候，我們會機敏地下跪磕頭；坐下來吃飯的時候，我們遵循一切的禮儀、形式。我們又回到古老的生活，但奇怪的是，這麼做卻紓解了我緊繃的神經，每次做完這些例行儀式，都讓我覺得腦袋更清楚，心志更堅定。儘管身為革命分子，在這些細微、明確的儀式之下，一個古老傳統中國家庭，將其穩定、永恆的力量傳給人們，這是一種幸福、舒適的安全感，讓我銘記於心。

姊姊對我來說是個謎題。她是個溫柔婉約、安靜可愛的女子。看著她，有時候我會懷疑我們真的是姊妹嗎？對我而言，她的生活方式如此難以理解，但我發現這並沒有減少她的可愛迷人。她裹小腳，對此她看起來完全不後悔。她不喜歡西式洋裝也從來不穿。事實上，她偶爾還會穿上家裡流傳了好幾代的古老服裝。她整天就是畫畫、刺繡，或做些家務，傍晚的時候她會用長笛吹奏古老的中國曲調。除了幾次幫忙我在國民黨內的任務之外，我們幾乎沒有任何共通點。然而，我們還是很喜歡彼此。我就是喜歡她這麼溫柔可愛的人，對她而言，我也總是她所熟悉的那個調皮的小妹妹。

捌

宋教仁被殺

當我還在天津探訪我的家人時，有一天，有人通知我，警察已經搜查過父親在北京的房子，試圖找出對我不利、可以指控我的證據。那天晚上父親從北京過來，看起來疲憊不堪、心神不寧，再也無法忍受，他說希望全家人立刻遷回廣東，他隨後就會回去。至於我，隔天就搭船出發前往日本。和我談話時，他說得沒錯，但語氣很冷漠，並清楚表明我的事拖累了他的職位與事業。萬分自責的我感覺至少應該聽從父親的安排。

接下來待在日本那四個月是記憶中最枯燥無味的日子。關於這個國家的回憶依然是那麼深刻。我想起第一次到那裡的時候，我滿懷熱血，志氣高昂。想到革命同志們一個個離開，以及北京那令人沮喪的政治情勢，那些日子令人期待的歡樂與熱情都變得黯淡。我心裡想著李先生提出的目標，試著藉由一些課程，放鬆身心。但很快我又失去興致。日本說穿了，也不過是模仿西方國家而已，如果我要念書，為什麼不去源起的地方念？突然間我決心要去法國繼續學業，撥雲見日之後，我的時間所剩無幾，必須趕緊回中國準備出國留學的事。

家裡面所有人全心支持我去法國念書的計畫，他們認為這樣至少能讓我和家人遠離是非。準備工作匆匆忙忙進行，以免我臨時反悔變卦。祖母特地千里迢迢從廣東趕回家，監督一切安排工作，這是我人生中的重大事件，她絕對不容許自己錯過。她親力親為，所有小細節都得問個清清楚楚，緊張不安。即使過去發生了那麼多衝突，看見她對於我即將出國留學，表現出誠摯的擔憂，我依舊覺得很感動。她是傳統中國家庭裡的女性長輩，她為如此崇高的角色及其責任，感到自豪。從一些幽默的舉動看來，或許可以略窺一二她內心的想法，就像她堅持我去歐洲一定要帶些嫁妝過去，好像我是要去結婚似的。

這些準備過程進行得非常順利，一個星期過後我就離開了，幾位國民黨員過來看我，他們滿擔心四月即將舉行的全國選舉（這時還是三月）。除此之外，袁世凱正進行協商，計畫向國際聯合銀行借貸，我們懷疑他會濫用這筆資金，強化他自己的權力，甚至傷害整個共和政體。他們要求我延後一個月再出發，以免接下來任何抵抗行動需要我的協助。母親懇求我別改變計畫，我差一點就要妥協，聽她的話，雖然我感覺自己應該多待一個月，至少為黨奉獻己力。

我陷入難以抉擇的情況。我在兩個選擇間搖擺不定的時候，三月二十一日，一封電報傳來，通知我們，宋教仁[1]（我們其中一位偉大的領袖，他有崇高的精神）在上海遭殺手槍斃，當時他正準備搭火車前往北京。宋教仁是最不畏懼、勇敢批評袁世凱的人，他才剛結束幾個省的巡迴演講，向人民解釋眼前正面臨的問題。他擁護責任內閣制，而且他在整合公眾意見，對抗袁世凱的意圖這方面，成績卓著。對於即將到來的選舉他是關鍵人物，所以我們殷殷期盼他的到來。

用這種手段把他從政治舞台上除掉，令我們憤怒得無法言喻。行兇者的身分無需多猜，除了袁世凱，不會有其他人。我們一直都希望暴力的日子能過去，這些問題可以依照民主程序來解決。但我們發現袁世凱決心不計一切代價，都要達成他的最終目的，這迫使我們採用唯一的辦法來對付他，也就是以其人之道還治其人之身。對於這起悲劇，我極度憤怒悲傷，因此立刻取消法國的行程，就在這時，我全心地與同志們連結在一起，準備好好計畫對抗袁世凱。

我去上海參加葬禮，全國各地許多黨員也都來參加葬禮。在對我們黨的英雄致上最高敬意後，我們討論著該用什麼方法來為他復仇，為中國保住共和政體。有人說，即使面對我們的指控，袁世凱也絕不會屈服於司法審判，最後可能還是得以正面開戰的方式，來罷免袁世凱的職務和他的政府。這個時候，袁世凱的軍隊已經不若往昔，他正和國外聯合勢力協商，欲取得貸款，補充耗盡的資金。大多數人反對這件事，但沒有用。考慮到這些現況，我們決定應該努力阻止他取得貸款，畢竟他將用這筆貸款做出損害共和政體之舉。

幾位成員立刻自願執行處理袁世凱的任務，希望能一勞永逸。但有些人反對，因為要接近袁世凱根本就不可能，畢竟他總是寸步不離貼身侍衛。另一方面，如果要達成我們的目標，也可以攻擊他的財政部長，他正在協商貸款之事，而且我們能接近他。但多說無益，在我看來能終止僵局的也只有一個辦法，於是我馬上站起來，自願執行殺害財政部長的計畫。聽見我的提議，大家就不再討論了，我們趕緊擬出計畫，執行眼前任務。

注解

1 宋教仁（一八八二—一九一三）：字鈍初，號漁父。中國近代民主革命家，是中華民國初期第一位倡導內閣制的政治家、國民黨的主要籌建人。

玖 命懸一線

回到天津的時候，我必須非常小心，因為我們已經不可能再自由來往各地。當時，黨內有個女孩，她從不像我那樣參與暴亂行動，然而她是個值得信賴且忠心耿耿的人。她的家人在天津城外有座農場，她有個哥哥在北京的陸軍部，因為這個原因，她有完美理由時常往返於兩個城市之間，從農場出發時還可以有個傭人隨行。因此，我把頭髮編成兩條長辮，放到背後，穿上亞麻長褲和寬鬆的罩衫，像個農村女孩。衣服下面，我繫了條皮帶，上頭綁著炸藥。我還提了個破舊的手提箱，裡面裝了炸彈。就這樣，我裝扮成農村女孩，和朋友一起上火車，她走到頭等車廂，因為我扮成她的傭人，所以我得走到後面的三等車廂去等她。

雖然之前也有好幾次這麼危險旅行的經驗，但這三個小時絕對是我經歷過最折磨人心的時間。至少在我看來，我要完成任務、而且途中不被殺害的機率，可說是微乎其微。我整個人處於極度緊繃的狀態，但是已經不能回頭了。

在這種生死時刻，一幕幕人生經歷過的事件的確會浮現在腦海裡，但這些畫面會以萬花筒的方式掠過，而不是整齊有序地如帶狀呈現。許多畫面狂亂地跳過我的腦中，像是：我和哥哥在花園抓蟋蟀準備鬥蟋蟀；某次會議我對著某位黨員高談闊論；然後畫面又跳回那些寧靜的晚上，父親工作結束後回家，我和他靜靜地聊天。父親總會為我烤熟洋梨，用長長的棒子叉起洋梨，在火爐上烤著，我清楚記得自己是如何流著口水期待著，混雜著父親鎮定平靜的話語聲。我想起小時候每次快過農曆年時（這是中國家庭傳統節日，相等於西方的聖誕節），都會特別製作七份禮物，分別供奉七位仙女。我想起家裡面女傭的名字，本來已經遺忘了，現在又再想起來。我想起我的阿姨，她終身未嫁，是個甜美、個性溫和、為人親切的女子，她就住在我們廣東老家附近山上一處像尼姑庵的地方，我和母親常常坐轎子去看她，這是我早年生活中最期待的事。阿姨總是會準備豐盛的精緻點心，歡迎我們的到來。餐廳的門一打開，映入眼簾的就是滿桌佳餚，總是讓我開心雀躍。突然之間，一個想法中斷了我所有美好的回憶，我想到我們勇敢的同志們，他們大膽地冒著生命危險，只為了實現革命理想。

漸漸的，一種異常的平靜流過我全身，充滿了堅定的決心與勇氣。我唯一的想法是：現在我終於有機會證明自己能為革命與中國犧牲奉獻。我感到激動，但思緒非常清晰。

在這種情形下，我逐漸恢復對於周遭事物的敏感，我發現有兩名男子來回走動，每回都漫不經心地看我。忽然間，我害怕自己的偽裝已經被看穿。無論如何，我想如果能安全通關，不被發現，我就能把這兩個人甩開（如果他們真的是特務），北京大街上總是人聲鼎沸，我可以巧妙地在人群中穿梭閃躲。

這一次通關，我們沒有請該外國友人來協助。我們一致同意，要求他參與如此危險的行動確實有點過分。於是，和我同行的那名女孩的哥哥答應來接我們，身為陸軍部官員，他有辦法讓我們安全通關。

車站裡，一切都進行得很順利。下了月台，我先去找我朋友和她一起，我輕輕地跟在她身後，提著她和我的行李箱。她哥哥熱情迎接她，但並沒有和我說話。某個時間點，為了符合我這個角色的特質，她大聲訓斥我，說我笨手笨腳，還大聲說我現在人在首都，放機靈點，別再表現得像個鄉下來的笨丫頭。我低聲回應她，喃喃地說了幾句道歉，很害羞的樣子。事實上，現在回過頭來看，在我的女革命分子生涯中，最有趣的事就是常有機會演戲，我的演技應該還算不錯，總之大部分時候都能讓我順利脫逃。

交談中間，我發現火車上那兩名男子在看我，我似乎看見其中一個人舉起手來打暗號。

等我們一通過外面人群中間的通關檢查，我就和我朋友分道揚鑣，上了一輛黃包車，我請那名車伕載我去某個飯館，我會在那裡和幾個黨員碰面，討論一切的安排。我們在大馬路上疾奔，我往後看，深怕會看見那兩個男人跟在我後面，不過還好沒有任何他們的影蹤，我終於能鬆口氣。

抵達飯館時，我偷偷從後門溜進去。穿過廚房的時候，一名男侍者認出我，直接領我上樓去找我的同志。我們坐下喝茶，一邊討論細節，做出最後的安排。他們描述著財政部長搭乘座車會經過的地點與時間。此外，他們告訴我，有好幾位自願者對於我的行為很感動，他們請求代替我出任務。但我很固執。我已經鼓起勇氣到這種程度，無法再去想像退縮。

此時，傳來一陣敲門的聲音，剛剛帶我進來的男侍臉上露出害怕的神情。他告訴我們，樓下有兩名祕密軍人，他們說有充分的理由，相信鄭小姐就在房子裡面。

他們給那男侍打賞，請他上來在門外偷聽，確定我是不是在裡面，男侍接受了。那兩名特務做夢也沒有想到，男侍會把他們所有的對話一一向我們報告。

我明白我得趁他們還沒上樓之前，趕緊帶著炸彈離開。我告訴那個男侍要顧左右而言他誤導他們，就說他從鑰匙孔聽見我說要去前門那區某條街上找同志，那個地方正是當局認為我們總部所在之地。然後我請他上樓回來接我。在我所經歷過萬分驚險的時刻之中，時至今日，這次仍是我記憶中最可怕、驚悚的一次。我還記得他們的一言一語、一舉一動，甚至每個表情。

前往北京城前門最直接的路線是穿過公使館區，我的想法是，一進入公使館區就可以停下來。這次我帶了幾件洋服，並用來把炸彈包起來，於是我趕緊換裝。男侍回來了，接著，他提著燈籠走在我前面帶路，我們一起慢慢地下樓，十分冷靜。我拿著珍貴、至關重要的行李箱。經過那兩名特務時，我必須十分鎮定、不疾不徐地走出飯館。這個時候接近傍晚六點，在北京正是風呼呼地颳起，一片黃昏薄暮之時，這種氣氛瀰漫著不祥之兆，我整個人頭暈目眩，有窒息之感。我故作輕鬆地和旁人聊天，說天氣真糟糕，希望明天會好一點。我們順利步下一個個階梯。特務回過頭，看著幽暗長廊裡的陰影。顯然他們已經中了我要去黨總部的計謀（在那裡，他們甚至能把我們全數逮捕），或者他們以為我被阻礙的話，會毫不猶豫地把炸彈用在他們身上，畢竟他們到現在都還沒真正攔阻我。我上了一輛黃包車，大聲指示說要去前門區。

黃包車伕像陣風一樣跑走。我回頭看時，發現特務們正猛烈追上，很快就有援軍加入他們，總共有六個人在我後面追著，整趟車程驚險萬分。我很感謝那位載我的黃包車伕，他的速度與耐力驚人，那個頭矮小的車伕有著鋼鐵般的肌肉，肺部有如賽馬。我不停地大聲催促他，並瘋狂地哀求他，我們一路疾駛狂奔，有好幾次我都差點從黃包車上跌下來，真是險象環生。我拚命用力，死抓著不放，所以後來我的雙手、雙臂僵了好幾天。

就在那些人快追到我們的時候，我們閃進公使館區，立刻奔向六國飯店。我多付了那個車伕一些錢，那可能是他人生中見過最大的金額，他又驚又喜，感謝地看著我。我整理一下心情，振作起來，走向飯店大廳，彷彿我剛從附近參加完茶會回來一樣。

拾　一場鬥智比賽

六國飯店是北京城最新潮的飯店，某種程度上來說，也是個國際俱樂部。每天早上八點，飯店供應豐盛的美式早餐；中午供應法式料理；下午四點則是英式下午茶。各式各樣的人聚集在飯店大廳裡吃東西、閒聊或是跳舞。此外，普遍的共識是這裡亦是受迫害的政治人物的庇護所。枱面下顯然是有許多陰謀計畫正在悄悄進行，各方訊息相互交流，但表面上人們看見的是：飯店努力營造的愉悅氛圍，大家聊著不著邊際、沒有爭議的話題。大多數的外交官，為了逃離辦公生活的困境，成了收藏家，所以這裡也引來城裡舉足輕重的藝術品賣家，他們穿梭人群之中，四處走動，從長袍內掏出珍珠、水晶、罕見玉石或是精緻雕刻。假如沒有其他更好的選擇，六國飯店確實處處明亮、迷人。我走到櫃台，訂了一間房間。我的眼角餘光瞥見警察特務就站在前門，我逕自上樓。我認為平息他們懷疑最好的方法，就是假裝我是來消遣的，於是我決定要盛裝出席晚餐，並和幾位朋友在飯店度過整個晚上。我搖鈴請一位男侍上來，發現他是前幾次我來這裡就服務過我的那一位，我頓時鬆了口氣。我向他解釋，我的行李被滯留在車站了，請他盡快去公使館區的馬禮遜大道上某間大型英國商店，替我買一件晚宴洋裝回來，我沒辦法以他能理解的方式描述，所以我只請他挑件款式簡單、質感極佳的洋裝。

他離開之後，我坐下來等候。這時我拿出那些彈藥藏在衣櫥裡。我開始明白，警方已經對我緊密監視，所以簡直不可能再由我完成任務。我很灰心，感覺自己太粗心大意，偽裝不夠徹底，效果也不佳，沒能成功騙倒袁世凱的人。另外，想到要在時間內擺脫彈藥有多麼困難，我就更沮喪。這時一陣敲門聲傳來，那個男侍再度現身，他手裡拿著個大盒子。出乎意料之外的是，他幫我買的洋裝並不差。說真的，穿上它整個人精神都恢復了，一股自信倏地湧上。接著，我把頭髮高高綰起，綁了個優雅細緻的髮型。正當我準備下樓用晚餐時，飯店櫃台過來找我，說有我的電話。我帶著忐忑不安的心情，走進一樓電話亭，雙手猛烈顫抖地拿起話筒。

話筒另一端的人操著一口英文，我聽出來是革命友人的聲音。接下來我們的對話可能會讓人摸不著頭緒。他說他很抱歉沒辦法來接我去吃晚餐，所以我們的朋友會派傭人和座駕來接我，傭人在公使館區門外等著。但是，我要帶給小妹妹的糖漬水果怎麼辦呢？放在手提箱裡太久會變硬，對吧？我回答他：「是的」。然後我問他能不能派人過來拿呢？於是他說會派祕書過來，祕書會在飯店側門等我。他剛才提到「傭人在公使館區門外等著」，意思當然就是：那整個地方已經被警察包圍了。

我回房間，把炸彈和火藥裝成兩個包裹。十分鐘後我走到側門，一個男人站在那，我認得他的臉。他的黃包車停在路邊，他緊張地來回踱步。為了以防有人偷聽，我們故意互相打趣，裝作很輕鬆的樣子。然後，他在耳邊低聲對我說，一定要馬上離開北京城，說完他就帶著彈藥趕緊離開了。

不久之後，我去吃晚餐，表情如常，絲毫沒有透露出剛剛發生了什麼事。顯然我看起來精神抖擻，因為那裡沒有任何一位朋友覺得我的外表或舉止有任何異樣。此時此刻，我覺得就聽天由命了吧。面對這情況，我也只能聳聳兩肩，裝作一點都不緊張。我坐下來，享用這頓美味晚餐——緊張刺激的感覺令我異常飢餓，所以現在我大快朵頤。隔壁桌是一對我先前碰過的美國夫婦和他們的兒子，男孩大約十二歲。不知道那孩子從哪弄來一隻迷你北京狗，也就是獅子犬，畢竟這種狗原本是宮廷裡的寵物。那隻小狗好可愛，小小的，可以舒服地窩在一隻中式便鞋裡。牠的毛是灰色的，臉型像三色堇，活潑好動，相當迷人，足以讓我轉移注意力，不去想那些嚴肅的事情。就這樣幾個小時過去。我不時看見玻璃上自己的倒影，納悶坐在那裡的人真的是我嗎？那個人津津有味地享用餐點，緊緊抱著一頭生氣活潑的北京狗。

晚餐後，就在我開始享用糖漬水果和蛋糕的時候，一位侍者來到桌邊，通知我，秦先生1正等著見我。我一口吞下整塊水果，我知道這個男人很多事情，秦先生是少數幾位背棄國民黨的人，早期也是革命黨的一員，但很快就屈服於袁世凱的勢力，現在他任職政府機關。我到外頭一間小接待室和他碰面，我告訴自己，上策就是保持一副漠不關心、絲毫不感興趣的態度。

我們先正式地向彼此問好，然後秦先生看起來有點不好意思地說：「鄭小姐，你相信嗎？是警察告訴我你到這裡的。」

我聳聳肩說：「這有什麼好大驚小怪的？」

「有人通報我們你攜帶爆裂物品。」他回答。毫無疑問的是，在某些情況下，衣著打扮絕對能為一個人的能力加分。我的晚宴洋裝是有下襬設計的款式，手裡還拿著一把小扇子緩緩揮動，一副百無聊賴的樣子。我以優雅但輕蔑的態度回答說：

「我看起來，真的像是那種會攜帶炸彈的人嗎？」秦先生一臉摸不著頭緒的神情。

他默不作聲，沉默了好幾秒鐘。接著他馬上就說明來意：「鄭小姐，有人通知總統你來到這裡的原因。總統很欣賞你的傑出表現和愛國精神，但是他擔心一些邪門歪道會引你誤入歧途，所以希望你能停止和以前的同事往來。坦白說，他有個提議，你不妨參考看看。那看起來可能遙不可及，但這不只關係到你個人的事業，也對整個國家有正面幫助。」

接著秦先生把整個計畫詳細告訴我。首先，袁世凱同意南方政府指派委員會，調查內政部長和宋教仁之死有何關聯，交換條件是：我必須把自己交給政府，作為人質。若證實他有罪，就會懲處，但是國民黨領導者必須到北京法院（此舉已經暴露了袁世凱的真正意圖）說明，為何他們要派我到首都執行此一殺害任務。

秦先生說完這番話，臉上露出十分得意的表情，好像自己施捨了什麼好東西給別人。他補充說：「所以，你看起來就僅是一位受孫中山指使的受害者，我們不會傷害你，這只會提高你的名聲。」

我快控制不住自己臉上的表情。手上的扇子或許保住了我的性命，沒有它，我早就雙拳緊握。一會兒過後，我假裝很擔心，並禮貌地回他說，我當然非常在意自己的名聲，我騙他說我對這個提議很有興趣，只是需要花點時間想一下。

「嗯，」我回答他：「我無法當場決定。明天再打電話給你，可以嗎？」

他同意我隔天下午五點打電話給他。秦先生和我互相道別，態度友善誠摯，我們都對這次的談話很滿意——雖然各懷著不同的原因。

我回到房間，很顯然我必須在答應回覆秦先生的時間之前，離開北京城。

整個晚上我焦躁不安，隔天一大早我便下樓用早餐。離開房間的時候，我發現門旁有位新來的「男侍」，他穿著灰色衣服，但其他人都穿藍色的，我立刻知道他的身分以及他在這裡的目的。所以我走上樓去找飯店的男侍領班，以該「男侍」聽得見的音量，大聲告訴領班說，我會搭下午四點的火車去天津，並指示他，如果今天有人打電話找我，就說我出去辦點事，不會回來吃午餐。

我走回房間，戴上帽子，把我的行李箱留在那，然後回到飯店大廳。新來的男侍離開了，顯然是要通知秦先生說我下午四點會離開北京城，也就是我們約定時間的前一個小時。我在外面街上從容漫步，不時在櫥窗前駐足，一副無所事事的樣子。但轉過去，便看見火車站就在前面兩、三百公尺，我拉起裙子，用盡全力拔腿狂奔到月台上，我在心裡算計著。九點四十五分，我在列車開啟的那一刻抵達，跳上階梯，倉皇擠進車廂走廊上，這時列車已經開始發動。兩個小時過後，我抵達天津，搭上一艘前往上海的英國船。在那裡的朋友們見到我，又驚又喜，鬆了口氣，還落下眼淚，他們以為我死了。原本由我執行的對財政部長的攻擊，後來改由其他人在原訂時間執行，但是並未成功，財政部長逃過一劫，革命同志被捕之後遭到處決。另外，報上有消息指出，由於我的行李和個人物品都還留在飯店裡，很有可能已經遭遇不測，後來警察在受訪時，就順勢回答說，我在逃走時被打中了一槍。財政部長的意外發生之後不久，國際財團中，美國銀行基於華府指示決定退出。袁世凱的勢力持續了一段時間，在北京成了名副其實的獨裁者。一九一六年，他登基自立為中華帝國皇帝。稱帝之舉受到大部分人士反對，不久之後他便去世了。接下來幾年的中國，彷彿一個政治競技場，爆發了許多衝突，孫中山先生與其追隨者繼續堅持目標，欲建立真正民主的中國。孫中山先生於一九二五年與世長辭，其衣缽志業由年輕的蔣介石繼承。兩年後，蔣介石的北伐大業成功，於南京建立統一的民國政府。

一九一三年，我在上海得知南京的一位議員吳稚暉[2]，以及其他國民黨員，正要出發前往歐洲。他們希望我同行，我回廣東老家待了一、兩個星期才啟程。這段期間唯一值得記錄的事情是：我辦了一場歡送宴會。除了邀請好友，我也歡迎了廣東的窮苦人家過來，作為紀念我祖父慈悲為懷的一種表示。這場宴會很成功，大家互贈禮物，還有位家境困苦的賓客，好幾年來第一次享用大餐。他站起來，高舉著酒杯，以勝利的口吻說：「偉大的鄭姚先生回來了，他的孫女把他帶回來了。」

出國的準備工作相當壯觀。我們花了兩天，才照祖母的標準完成打包工作。捨不得太快分離的家人，決定陪我到香港。我搭的渡輪會在香港停泊一晚，再前往歐洲。那天晚上我本來希望留在船上，只是因為香港親戚家還在舉辦慶祝宴，只好派董五先帶著行李到碼頭等著。我在宴會上待了好久，大家向我道別，百般叮嚀我，也獻上祝福，他們讓我好感動。在一番亂七八糟、杯盤狼藉後，我們一群人到了碼頭，才發現渡輪已經開走了，變成地平線上的一個黑點。我感到萬分懊惱，但是沒有太多時間自責。大家都好高興，然後我們衝回我親戚家，重新開始宴會。隔天，我發了封無線電報給上船的朋友，他們已經先啟程，但他們的答覆看來一點都不擔心，他們幽默地說會在新加坡等我。幾天之後，哥哥陪著我到了新加坡的港口。

注解

1 Mr. Chin，音譯的名字。

2 吳稚暉（一八六五—一九五三）：原名朓，後改名敬恆。政治家、教育家、書法家，中央研究院院士。一九〇五年在法國參加中國同盟會，出版《新世紀》報，鼓吹無政府主義。曾獲聯合國「世界百年文化學術偉人」榮譽。

拾壹 計程車上前線

抵達馬賽後，奇怪的是，對法國的印象就是少了點驚訝，這裡的一切反而有種詭異的熟悉感——「我以前來過這裡」的感覺反覆出現。

這或許是因為我已經浸淫在一切有關法國的知識裡，我看過的圖片、讀過的描述，都活生生地呈現在我眼前了。唯一令我驚歎的，是隨處可見古色古香的遺跡。許許多多建築物、街道，甚至是農田都非常古老。在我的認知裡，任何與西方有關的事物都應擁有全新、現代化的樣貌，雖然我知道實際上並非如此，但走進如此神聖且充滿歷史的氛圍裡，仍然令人吃驚。

我還曾經到過法國岸邊，我真是個最熱情的親法分子。對我而言，我所相信的法國是所有事物的正本根源，像是自由（Liberté）、平等（Egalité）、博愛（Fraternité），這些都是美好的生活理想，而不只是雕刻在古典門廊上的一些冷冰冰的碑文。然後，我油然而生一種與法國人民緊密相依的情感，法國人的祖父輩也曾經為了自由的理想，犧牲他們的生命。

愉快的心情沒有持續太久，我就開始失落了。一九一四年四月，我在巴黎一間小公寓安頓下來，也許是因為語言障礙（當時我一丁點法文都不會），也許是因為新的生活，不知怎的，我很快就因孤單而想家了。

大約過了三個月，我學了足夠的法語，不需翻譯陪同，也能到處逛逛，從那時候起，一切漸入佳境。助益良多的還有法國人聞名於世好客的民族性，只要法國人了解你，他們的友善會讓你不覺自己身在異鄉。我在這兒過著愉快的生活，結交來自法國、英國、美國的幾位好友，也認識大批中國留學生，他們經常造訪我小公寓裡的房間，在裡頭坐上一整晚，談的全是政治。他們大多數人待在歐洲的時間比我長，更了解這裡的情勢，所以他們詳細述說的時候，我多半只是在一旁聆聽。

幾乎所有人都預見一場大規模的戰爭即將來臨。一九一四年七月起，每天的新聞都越來越可怕駭人。當八月三日正式宣戰時，我們大為震驚，但這也並非出人意表之事。我們所有人都認為，在解放、文明的西方國家，不會發生這種巨大變動，但很顯然的在某些時刻仍是無法避免。

一個星期之後，某一天，我走到巴黎蒙帕納斯車站去觀看軍隊出發儀式，數千名士兵在火車站裡，站在一起等點名，然後以不規則縱隊的方式前進，步上火車，他們的妻子和母親在離別前最後一刻仍緊緊跟在後面；即使人這麼多，還是瀰漫著一股駭人的靜默，只偶爾聽見一些女人壓抑的啜泣聲。場面哀傷且令人動容。

我在火車站待了快一整天，因為情緒太激動，早就忘了吃飯休息。那天傍晚回到家，我坐在床邊好幾個小時，瞪著整個房間看，無法動彈。對文明造成如此的威脅，相較於一般歐洲人，對我來說更是震驚。因為長久以來，我一直認為西方國家已步入穩定社會，經歷革命運動後，我來到這裡，急切地想擺脫革命與挫敗的攻擊行動，因此這場戰爭帶來的悲劇，對我造成加倍的衝擊。

這件事過後的幾天，我心情十分低落，我並不清楚原因何在。我只是待在床上，感覺虛弱而且疲憊不堪。但我慢慢恢復力量，開始調整自己，面對這個情況。

從新聞報導看來，戰況日益嚴重。九月上旬，大批民眾逃出巴黎。政府和外交使節團也前往波爾多。有人催促我加入中國代表團的班機，但在此時，過去堅守至終、期待可能性的感覺又捲土重來而且超越一切，所以我決定留在巴黎。畢竟歷經千辛萬苦才到這裡，我絕不再因為可能會發生類似過去的暴行而讓步。此外，這個時候的我又更懂政治，知道戰爭背後的理由，我感覺這是世界歷史的轉捩點，希望自己能更靠近核心，好好看清楚結果。

於是我繼續堅守本分。我發現生活在戰爭的時代，住在部分人口已被疏散的城市並不會很難。我們常常聽見槍聲，就像是夏天的雷鳴。我看見計程車部隊[1]離開巴黎上前線，我和其他留下來的人則一起在人行道上歡呼尖叫。很快地，我們便神奇地避開危險，生活又回到戰間期正常的時候。

一九一五年，我準備進入巴黎大學（索邦大學）法學院。我主修法律，因為覺得法律訓練最適合我，能讓我貢獻祖國。可以預見的是，由君主體制走向民主體制的中國，會需要法律專業學生，協助民主政府運作，如此一來，將能保障人民擁有其不可奪取之權利，並且能以最自由的方式發表意見。

與此同時，在我的家鄉，兩種極端不同的政治意見仍不停地爭權相鬥。此時期的中國歷史經過許多階段，重點如下：北方督軍在北京的政權乃有名無實，大部分的中國仍分立自治，實際上維持法治的是各省地方官員，他們幾個世紀以來皆以小村莊民主方式運作，由於缺乏有效率的中央機構，他們的運作反倒從未受阻。國民黨員在廣東成立政府，在那裡繼續對抗反動派。

一九一七年，美國即將參戰時，中國國內民意輿論十分混亂。由於支持結盟的聲浪過於強烈，一九一七年三月十四日，中國宣布與德國斷交。

同年七月，所有歐洲的中國人齊聚巴黎，舉辦大規模會議，表達我們對於協約國各友邦感同身受。當時的學生代表是我，我以法文發表激勵人心的演講，向在場來自各界的聽眾，主張中國應加入協約國。令人慶幸的是，中國在八月十四日，正式對德宣戰。戰爭情勢已經升至最高。我被要求返回中國，告訴中國人民歐洲的情況，他們該如何去協助贏得這場戰爭。

我離開前，法國為了表達對中國的感謝之意，於巴黎大學的大禮堂內舉辦了一場盛大會議，謝謝中國以行動支援協約國。那場會議有數千人參加，其中包括法國政府官員，如陸軍部長潘勒韋（M. Painlevé），以及中國代表團，而我是其中唯一的女性成員。會議上有好幾個人輪流上台演講，接著我被叫上台，以中國女性的立場發表意見。我走上舞台，觀眾看起來很訝異，我很確定其中有許多人是第一次看見中國女性，想必他們以為我會像絲綢畫裡面的人物——身材嬌小、容貌精緻而且害羞的女子，裹著小腳，身穿富有異國情調的長袍服。然而，我大步走上台，我就是個女學生，和這裡的女性相差無幾。當然，無論我自己或是我的腳，可是一點也不嬌小害羞。我開始說話，並且我馬上感覺到抓住聽眾的絕非言語，亦非流暢度，而是說話時的那股情緒。我詳述協約國所捍衛的人類權利如何重要，這一點在中國人民的內心深處引起共鳴。雖然中國是個相當年輕的共和國——其實只建國六年——不過，帶領我們革命的力量，勢必也會引導中國對抗自由與民主的敵人。能夠與協約國並肩作戰，我們深感榮幸。

很顯然，這些話語令在場聽眾精神振奮，因為他們的理想為他們贏得中國人民的認同，即便中國是個遙遠的亞洲國家，也願意為他們奮鬥已久、犧牲流血的理想一戰。致詞結束時，原本疲憊沮喪的聽眾們，以最熱情的方式，宣泄他們一片愛國的真心誠意。他們表現出來的情感令我深深動容，我不禁聯想全世界的人們是如此緊密相依。我感覺自己是他們的一分子，因為中國是他們的盟國，與協約國並肩作戰。世界史上如此重要的一頁，中國扮演著如此角色，令我感覺既光榮又高興。

注解

1 計程車部隊：一九一四年九月七日，就在德軍快要進攻巴黎時，由於缺乏軍車和司機，巴黎的軍事總督加利埃尼（Joseph Simon Gallieni）想出動員計程車司機來運送六千多個後備軍到前線防守，最後共有六百部計程車參與，史稱「馬恩河奇蹟」（Miracle of Marne）。

拾貳 祖母的喪禮

大約一星期後，我離開法國返回家鄉。回程漫長而可怕，就像這場戰爭裡，搭乘運輸船上戰場的士兵，我能體會他們的感受。十一月二十七日我離開馬賽。前往塞德港1通常耗時約五天，這次卻花了兩個星期。地中海域盡是德、奧的潛水艇，我們多次遭到攻擊，有一次，我們運輸船隊的一艘船甚至遭到魚雷襲擊。最後我們停靠在塞德港，上岸休息幾天，接著又被要求回到船上，因為有消息指出，兩艘德國戰艦「布雷斯勞號」（Breslau）和「戈本號」（Goeben）就在附近，可能會轟炸塞德港。之前，德國戰艦從沒出現過，但現在一連串兩軍衝突的謠言四起，迫使我們多次改變計畫，所以我們延遲了一個月，才能繼續前進。

這段時間，港口發生一起嚴重爆炸案（原因從未證實），無疑是雪上加霜，讓我感覺自己永遠無法活著離開塞德港——但最後我們還是辦到了。這趟旅程的高潮

（抑或是餘波），就是快抵達新加坡時，我們整艘船撞上岩石，在港邊沉船，全部人的雙腿都溼透了，損失了所有行李，幸好無人傷亡。

此時，廣東的家人已經等了我幾個月，因而陷入瘋狂焦慮的情緒。祖母以為我要不就是死了，要不也情況危急，於是她臥病不起，在我回到家的幾個小時前，便駕鶴西歸了。過世前一段時間，她曾經起床，穿上最隆重的禮服，小心謹慎地躺回床上，然後與世長辭，果然如祖母一貫的作風。

一回家就聽見這個壞消息，還發現家裡的人多半認為我得要為此負責。他們清楚表示，這些年來我的獨立與反抗，已經讓年邁長輩再也無法承受。如果是平常，我肯定能輕鬆反駁——至少是有立場反駁的。但在此時為自己抗辯並不恰當。長久以來，在中國人的觀念裡，家庭是一個不容違背的組織，祖母是家中德高望重的長者。如今，思念祖母的情緒攪擾著我，悔恨哀傷的感覺將我淹沒。

在中國，若是有頭有臉的人過世，習俗就是為他們辦一場隆重盛大的葬禮。說「隆重盛大」有點過於籠統。首先，人們會為往生者塗上一層防腐劑，其大體會安置在特別的房間裡，長達七七四十九天，所有悼念者必須穿著全白服飾，輪流走過棺木，反覆唱誦哀傷之詞。在場會有二十名道士或和尚，為往生者祈禱，一邊打著小鼓，驅趕惡靈。另外，人們也會替往生者準備眾多祭品，像是用竹子、纖維、米紙製作成的大房子、似真人大小的隨從與傭人、衣櫥、馬車、馬匹、轎子、鮮花、水果、食物、書本、金錢、珠寶——任何祖母死後可能會用到的東西。所有這些美麗的物品就放在祭壇上，慢慢地燒完。

好幾個晚上，我都有參加葬禮，看著和尚們環繞著她的大體，嚎啕大哭，反覆吟誦，直到快天亮時，我才體力不支，倒下睡去。

回頭看看那時的自己，我能迅速地回復到舊習俗，真的是很不尋常。那些年來，我參與各式各樣的革命行動，一心一意尋求西方知識，說的想的都是外國語言。在那個時候，過去的歲月好像離我遠去。然而，必須強調那時的我也只不過二十一歲，現代化的思想仍然十分膚淺。只是我的內心起了衝突，因為有一部分的我極力抵抗這種祭祀儀式裡毫無建設性的情緒表現，所以正式祭拜的最後幾天，我發高燒病倒，無疑是累壞了。兩個不同世界在我內心的拉鋸戰，令人感到疲憊不堪。

使我迅速復元的原因，是我必須繼續任務，在所剩無幾的時間內，我必須盡快展開在南方與北方的工作。整趟旅程，我的工作是竭力鞏固與盟國的關係。中國已經宣戰，人們希望以具體的幫助來表達同理心。由於協約國當前最嚴重的問題是缺乏人力，因此中國可以派勞工前往有需要的地方，協助工作。

之後許多中國勞工組成華工營（Chinese Labor Battalion）抵達法國，營隊的每一個人都取代了一名軍人，能在嚴峻的環境下執行前線或後勤工作，因而在國際間獲得好評，這樣的結果令我喜出望外。

注解

1 塞得港（Port Said）：埃及西北部地中海沿岸靠近蘇伊士運河的港口城市。

拾參 中國的耶路撒冷

當我回到廣東時，巴黎和會的中國代表團已經決定由南北雙方代表組成。此時國民黨已在南方取得地盤，並且認為南方是獨立政府，不受北方箝制，但北方政府代表中國正統，因此由北方政府官員陸徵祥[1]擔任團長，還有天資聰穎、想法獨到的顧維鈞[2]先生作為北方代表，南方代表則是王正廷[3]。

此時，非常國會正在廣東省舉行會議，主席為林森先生，他決定派我作為巴黎和會代表團隨員，這麼做，不僅是希望我能協助團內南方代表王正廷先生，落實其人民外交官之工作，也需要我密切與北京代表接觸。此外我還有兩個非正式工作：代表中國女性發聲、協助中國媒體取得消息或傳遞訊息。

為此我將動身前往歐洲。起初，我計畫經地中海前往歐洲，而且也買好我的船票，但是因為與黨員的一場會議使得我必須更改行程。有人通知我，一位韓國代表金先生欲參加巴黎和會，他訂到的是經美國前往歐洲的船，但是他現在很害怕船停靠日本的時候，自己會被逮捕。那個時候，我的處境算是安全，所以我和金先生交換船票，讓他搭乘經地中海到歐洲的船。

在美國時，孫中山先生的代表馬素先生熱情款待我，感謝他安排我造訪加州的中國人社區，讓我有機會向當地認同我們理想的居民，解釋國民黨的願景與中國當前政治情勢。

這也是我第一次接觸美國媒體，並在許多場合接受訪問。雖然許多人抱怨媒體很麻煩，但幸好在我之後的活動中，這些訪問及後續報導並沒有被詆毀。我盡情地享受，做我自己——媒體們也正確引用我說的話，不會斷章取義，所以我還沒有機會患上媒體恐懼症，這個因素將是我未來事業裡最珍貴的能力。

由於與美國媒體接觸的經驗良好，抵達法國後碰上歐洲記者，我也努力達到相同成功的效果。這很重要，因為中國必須表明其對於山東省問題的立場，我四處奔走，就像國家新聞社一樣，但是運氣不佳。我和許多記者談話，還記得我特別感謝安德莉・維歐利斯夫人（Andrée Violis），這位少數幫助我的人之一。她是第一位在巴黎《每日郵報》發表訪問內容的記者，報導採取了一種支持的態度，並完整呈現我的觀點。

巴黎和整個西方世界的情勢緊張，歐洲國家的民族主義正慷慨激昂，相形之下，日本與中國這種遙遠國度的問題，看似無關痛癢。

這座城市的現在與過去形成強烈對比，比上次離開時更嚴重。戰爭的傷痕歷歷在目，到處都是穿軍服的人，每個人都祈求平安。現在，如雷般的槍聲已經遠離，取而代之的是幕後外交官接頭交耳輕輕的說話聲，他們正描繪著新世界的地圖。外頭人民的聲音，為了民主與和平而大聲疾呼，不過這個表現對我來說還是太溫和了。

巴黎和會持續進行，但並沒有達到中國的期望。山東問題對我們至關重要，而最後的解決方式卻完全忽略中國應有的權利。

身為協約國一員的日本，緊抓住這次戰爭的機會，欲取得過去由德國佔領的山東半島，日本在巴黎和會上請求接管此地的一切權益。事實上，這項請求等於給日本實現「大陸政策」的契機，日本的計畫是必先征服中國，因為這是征服世界前必要的一步。日本佔領銜接中國南北的山東半島，持有重要戰略位置，有助於一步一步消滅中國。即便在那樣的時期，對於熟悉東亞情勢的人們而言，日本的野心與其征服世界的夢想是顯而異見的。

這樣的結果令多數中國代表火冒三丈，學生與我們代表立刻勸阻王正廷和顧維鈞，要求他們不能簽下已經擬定的和約。沒有花費太多力氣，他們也認同我們對中國應獲權利的看法。不久後有人說中國應簽署抗議附約，但這點也被駁斥。基本上，簽約國最好是不要提出任何異議，因此我們認為除了拒簽之外，並無其他替代方案。但是團長陸徵祥——北方政府派來的那位紳士——是我們的絆腳石。他固執己見，不贊同我們，並推託說無法違背上級指令，必須簽署和約；他的上級指令也就是北京政府的意見，顯現出當時北京政府亦受到日方壓力。

注解

1 陸徵祥（一八七一—一九四九）：外交家，天主教本篤會修士、神父。精通俄文，曾任中國駐俄羅斯大使館翻譯官、中國駐荷蘭特命全權大使。一九一九年任外交總長，率領中華民國代表團參加巴黎和會，最後拒絕簽字。

2 顧維鈞（一八八八—一九八五）：外交家。畢業於聖約翰書院，一九〇四年赴美留學，先後入讀紐約庫克學院及哥倫比亞大學，獲取政治學碩士學位及法學博士學位。曾任袁世凱英文祕書兼外交祕書，一九一五年赴美任駐美公使。巴黎和會上，在他的主持下，中國代表團拒絕在「凡爾賽和約」上簽字。二戰前後，顧維鈞長期出任駐美大使，一九四五年，代表中華民國政府簽署了「聯合國憲章」。一九五六年轉任海牙國際法院法官、副院長的工作，一九六七年退休，定居美國。

3 王正廷（一八八二—一九六一）：政治家、外交官、體育活動家、中華全國體育協進會的創始人之一。留學美國，於一九一〇年獲耶魯大學博士學位。先後擔任南京臨時政府參議院副議長，北洋政府工商部次長、外交總長等職。一九二二年，王正廷被選為國際奧會委員，成為中國第一位和遠東第二位國際奧會委員。

拾肆　玫瑰代槍

我們的意見絲毫未能影響陸徵祥先生，只是讓他更冥頑不靈，很快地，他便銷聲匿跡，顯然是在躲我們，拒絕聆聽我們的大聲訴求。簽署和約前一天，我們幾乎找遍整個巴黎，但就是沒人知道他上哪兒去了。我深信負責聯絡中國代表團的人，有所隱瞞。我不知道該如何與他們交涉，然而，我推測最可能知道陸徵祥先生下落的，不是代表團成員的傭人，就是其他代表的夫人，她們可能會從丈夫口中或是後台的小道消息得知。

因此，我鎖定我朋友的太太——首席軍事代表唐在禮的夫人。幾分鐘拐彎抹角的爭論後，她面露微笑，自願提供一則消息：「你們很有興趣的那位紳士，就住在巴黎郊區聖克盧的某個地方。」毫無疑問，我很清楚她所指為誰。然後她給了我確切的地址，聖克盧就位在前往凡爾賽的途中，與巴黎市中心有段距離，我們大部分人都住在市中心，所以從該地前往巴黎和會現場將不會受到阻撓，是個很好的地點。

我與她道別，立刻前往我們的總部，偕同幾位同事，召集數名學生和一戰的華工，與我在市區的會面點碰面。我計畫從那裡出發，帶領大家前往聖克盧。我和兩名朋友一同前往會面點，是杜樂麗花園的某個地方。那時候已經是下午接近傍晚，我不耐煩地等著我的同志，但他們沒來。天色漸暗，我終於按捺不住，手伸進口袋裡找出五十法郎，已經足夠讓我搭計程車去聖克盧了，就這麼辦吧——儘管我應該至少找一個人陪我去，總比半個人都沒有好——其他人可以晚點再到。我把地址留給他們，請他們盡早抵達，然後招了輛計程車，請司機開到聖克盧。與我隨行同車的人是李煜瀛先生的外甥李麥可（Michael Li），李煜瀛先生是我早年參與革命的老朋友（目前麥可任重慶政府官員，剛逃出香港。他告訴我那個城市自從被日本佔領後，發生了多少可怕的事，他還告訴我關於我姊姊和其他表親的近況，他們還待在那很長一段時間，因為他們相信，只要日本外交使節来栖三郎[1]繼續在美國倡導和平，日本就不會有所行動）。

我們抵達聖克盧，把車停在代表團主席藏身處前，這時天色已經暗下。我走下車，按鈴通知門房，但是當我請求見陸先生一面時，門房告訴我他身體不適，無法接見任何人。這當然是我頭一次聽見主席深受任何疾病所苦，我才不會被這種伎倆愚弄，所以我們決定在入口處附近等待，必要的話，等上一整晚也沒關係，絕對不讓他有機會逃脫。把守了兩個小時之後，開始有市區的學生和工人加入我們。每次兩、三個人，輪流過去敲門，說要見陸先生，門房給的藉口還是和先前一樣。我們看得出來，房子裡面的人已經察覺到我們，所以雖然很晚了，但是每間房間的燈還是亮著。

正當我們圍攻這幢位於巴黎郊區、外觀完美和諧的住宅時，有輛車靠近我們，是代表團的祕書，一個和陸徵祥先生共事的人，他下了車，驚訝又擔心地看著我們，很快他便進入屋內。我們正好注意到他手臂下鼓起的公事包。

在這濕冷的夜裡，我們沿著房子周圍繞行，我們相信他們一定在耍些什麼花招，公事包裡的文件想必很重要，足以讓我們的努力功虧一簣。我們也認為，即使說服陸徵祥先生不簽署協約，一定也會有些祕密協商，只是我們不知道他們將怎麼部署。這個時候，我們決定無論結果如何，都要取得那個公事包內的資料。

自那時起，我內心中的對話和行動就有點兩難。我記得自己的想法是：必要的話，我們必須「攔截」祕書，甚至強行奪走他的公事包。若要這麼做，得準備駭人的武器才行。

由於全部人都沒有武裝，我趕緊到後面花園，用蠻力從堅固的玫瑰叢拉出一根粗枝，用膝蓋折斷，折出直徑兩、三公分，長度將近三十公分的樹枝，幸運的話，在黑暗中或許可以假裝是一把手槍。但是，玫瑰枝青白色的兩端看起來完全不像槍，所以我把它抵在泥土地上弄黑，然後回到房子前面，等著祕書出來。那把「槍」就藏在我外套袖子裡，末梢的兩、三公分從手指間突出來。我們在那幢住宅不遠處的一座夏日小屋裡等待。我們計畫好，當那位祕書一步出大門，我的兩名隨行人員王先生和陳先生會快步走上前，要求他交出公事包。

他很快現身，站在門口邊緊張地四處張望著。這個老先生是中國前朝的官員，保守派人士，看起來就是那種畏畏縮縮、只要有武力威脅就會乖乖就範的人，他們最怕的就是我們年輕人，因為為了奪回主宰權，我們會在所不惜。他非常緊張，不停地搖晃，緊緊地把公事包夾在手臂下，這副模樣洩漏了他的個性。

突然間，我的同伴走上前，站在從門口折射出來的燈光下，擋住他的去路。那位老鄉紳非常震驚，喃喃地說了些我們不懂的話，然後轉進旁邊的通道，試圖逃脫。那一刻，我從陰影中走出來，擋在他的面前，用玫瑰槍抵著他，他嚇得公事包不小心從手臂下掉到地上，然後便落荒而逃。

現在我們取得了公事包，暫時代為保管，但我們知道那位祕書很快會恢復鎮定，並打電話給陸徵祥先生，通知他房屋外圍有「武裝學生」把守。很顯然他這麼做了，因為沒多久，一名傭人便從房子走出來，並以陸徵祥先生本人的名義保證，如果我們那天晚上願意離開，他隔天早上就會接見我們。很顯然這個建議十分愚蠢，我們故意說：「感謝您的好意，但我們會留在這裡。」我們很清楚只要我們在這，陸徵祥先生就不會打電話報警，因為在這樣的情況下，警察的行動反而會造成不良的宣傳效果，會令他丟臉至極。因此，我們便就地停駐，展開漫長的守夜行動。

那天晚上非常暗，天氣又冷，但是我們的興奮之情無法言喻，沒有一個人睡著，雖然我身無分文，但還是有人有足夠的錢去說服門房，讓我們進去他的「辦公室」避寒。我們輪流巡視房子周圍、輪流進去那個小空間取暖。

我們的努力沒有白費。早上十點陸徵祥先生接見我們一小部分的人。我們進入屋內時，這位尊貴紳士的臉上明顯展現出憂心焦慮的神情。我們表達了我們的論據，如同往常，恐怕我一定說了很多話。其他人也表達了意見，我們必須不斷地重申論點，陸徵祥先生並無接受政府指示，可以簽署此讓予中國權利之協約。我們提醒他，另外兩名代表，他們在中國的影響力亦不容小覷，而他們拒絕簽署，所以現在他必須為自己的行為負全責。當天他們就要在凡爾賽宮鏡廳簽署和約。隨著時間越來越緊迫，陸徵祥先生依舊文風不動，整個人一蹶不振、陰沉沉地坐在椅子上，面對來自我們四面八方言語上的炮火攻擊。最後，在快要出門之前，他總算是投降了。時間一分一秒過去，陸徵祥先生並沒有前往凡爾賽宮，中國也防止了將其珍貴土地讓予他國勢力的悲劇。日本確實短暫佔領了山東，但此不公平結果終於在一九二一年華盛頓會議上被修正。

我把那枝玫瑰槍保留起來，一起帶回中國。現在在華盛頓的我常常會想，若一九三七年日軍把我們上海的家洗劫一空，發現小心翼翼包在紙裡、收進抽屜的一根老樹枝的時候，不知他們會作何感想？肯定會很疑惑為何這樣一件東西值得被如此珍藏。他們可能想不到這把玫瑰枝和他們奪去山東的企圖有何關聯。事實上，就是這件小東西，延宕了日本的野心好幾年。

注解

1 来栖三郎（一八八六—一九五四）：日本外交官。一九四一年十一月，以「和平特使」身分赴美，協助日本大使野村與美進行談判。

拾伍　「綁架」女學生

雖然巴黎和會解決了戰爭的債務問題，但並沒有什麼真正建設性的作為來保障永久的和平。為滿足少數國家，許多國家都淪為犧牲品。唯一令人感到安慰的是，中國並沒有簽署凡爾賽和約。世界史上如此重要的里程碑事件結束後，我感覺自己非常渴望再回到中國。若是能向家鄉的人民說明歐洲人戰後的生活景況，以及歐洲人對和平的重視，也算是對人民的幫助。因此，在回國之前，我和一群國際記者一起造訪了歐洲許多地方。

首站包括了法蘭德斯1戰場。那個時候，大型公墓還沒成為觀光景點，也沒被時間覆上一層淡化的面紗，更未豎立千篇一律、了無生氣的紀念碑。這時候，泰半的墓都是新墳——才剛建好，比鄰而居，上頭立著嶄新的十字架。我瞭望這片悲傷的田野，心思不禁回溯至一九一四年那天下午在火車站的時候，我看著法國軍隊正要啟程到前線。我彷彿見證這一切的開始與結束。當時揮著手說「au revoir 2」的我，現在跟著他們的腳步，來向他們說聲「adieu 3」。我在比利時和義大利碰到的大部分人都想知道中國進步的情形，以及其在維護世界和平上扮演的角色。振奮人心的理想主義在戰爭期間興起，直到戰後（一九一八年）也未從歐洲人心中消退。但是到了一九二〇年代後期，人類理想幻滅，犬儒主義成為潮流，曾經激勵人心的話語，如「戰爭救民主」、「以戰爭終結戰爭」，也只是讓人不以為然地聳聳肩。畢竟世界上大多數的人並不了解其他地區的狀況。

我離開歐洲回到中國，這一次同樣會經過美國。不知怎麼地，在美國特別讓我感覺像在家。現代感十足的美國城市，讓每個外國人大為震驚，也徹底啟發我，令我疲憊不堪。但是和美國人說話時，我感覺很輕鬆，毫無障礙，這是一種心理上的親密感，與其他人相處可能無法感受得到。美國人對我的了解也許不比我對他們了解得多。雖然是不同種族，有不同文化，但美國人與我為相同的事情歡笑或哭泣。整體而言，這個國家正處於活力顛峰狀態，就像中國因革命運動所帶來的活力一樣，我們的社會，同樣有一種新興的期待，一股精力充沛的能量，讓人忘卻欲振乏力的老派歐洲。在旅行美國的過程中，我造訪不同城市的華人社區，也接受幾家媒體採訪。所有華人最關注的還是山東問題。我善加利用每個機會解釋，並強調，凡爾賽和約針對這個問題所做的處置並不合理。我說，長久的和平須建立在正義的基礎上。凡爾賽和約將中國一處神聖之地（孔子生於此地葬於此地）的權利讓予外國勢力，此非正義，往後幾年災難性的結果也與此有關。

結束美國行程後，我在舊金山登船，準備前往上海。一九二〇年秋天，我抵達上海。與親朋好友相聚的時光總是美好的。愉快的時光之間，點綴著幾許嚴肅，討論世界情勢與中國關係，令我想起在美國、歐洲碰過面、談過話的人。我強烈希望造訪中國內陸地區，考察內陸地區的人民生活，並告訴他們我在國外的所見所聞。

就在這個時候，我收到楊庶堪4先生的邀請函，希望我造訪四川省，其省會正是如今聞名的山鎮重慶。楊庶堪先生是我革命時期的老朋友，他後來被提拔為四川重要的政府官員。我很高興接受邀請，緊接著搭乘輪船，通過壯麗的長江三峽前往重慶。乘著船，迅速川流過峽谷是個令人興奮的經驗，沿途景色絕美，懸崖峭壁起伏，河川清澈見底，數千公尺的高山，聳立於我們的頭頂上，江水奔流捲入瘋狂的漩渦。在這裡，需要高超的航行技巧，才能避免災難。此時此刻的人們與大自然緊緊相依，若無法從如此壯麗偉大的風景中獲得深刻的啟發，那人大概不是個聰明人。

忽然間，我們進入一段平靜的水域，霎時間的轉變令人印象深刻。我忍不住想，要到什麼時候、用什麼方法，人類才能渡過自私衝突的急湍，抵達和平與滿足的避風港。

一九二一年的重慶是一座安靜沉睡的城市，建立於山坡上，這座山城幾乎就在河谷邊躍升而上，與繁忙現代的廣州、上海形成強烈對比。之後在一九三八年，國民政府由南京遷都至重慶，那時這裡便成為中國最重要且繁忙的城市。初次造訪此地，我驚歎此地居民的社交生活雖遵循傳統，但是他們也急切關心世界局勢的發展，希望能趕得上時代的腳步。當地商會立刻邀請我在一場大型會議上發表演說。這個邀請本身就是背離傳統的，因為女性該出現的場所是在家裡，不是在講台上。我當然很高興能有機會為人們演講，殷切期盼這時刻的到來。

出席這個活動之前，有些女子學校學生問我是否願意為她們辦場座談，我建議她們可以參加商會所舉辦的演講，她們看起來很不開心，並說校長是個保守的男人，反對女性解放，悍然禁止她們出席。我說這一切太荒謬了，她們應該起而行，爭取自己的權利，看是要強力要求校長改變他的政策，或是要求換掉校長。最後，不管是什麼原因，她們終究還是有辦法出現在會議上，令我又驚又喜。

我發表了很長的演說，主題是戰爭、巴黎和會、新中國在世界上必須扮演的角色，並且強調女性的重要性，如果女性想行使自身權利，就必須把握每個受教育的機會。接著，為了那群熱切聆聽的女學生的權益，我特別主張兩性自由平等的理想，並敦促女學生應該維護自己年輕時候受適當教育的權利。

我害怕這番演說可能會讓這裡平靜的生活起波瀾，造成紛擾，因為演說結束後，女學生們拒絕回校上課，除非校方願意更換新校長。如果不是我暗地裡去找擔任政府官員的朋友，這件事演變到最後可能會淪為僵局，因為大多數人並未獲得家人或上一輩的肯定。我明確告訴朋友，讓這樣的校長掌控年輕人的教育是件危險的事。楊庶堪先生認真同意我的看法，二十四小時內便將這位傳統的紳士趕離學校，換上一位思想先進的新校長。此外，還安排六名女孩與我一同離開，前往法國繼續學業，其中包括楊庶堪先生的妹妹和外甥女。

那晚，我登上船，離開重慶，很滿意自己能有這些作為。六名女孩並不多，但是個好的開始。然後，船的吊板拉起來，船身順著流向稍作停泊時，我聽見周圍陰暗處裡傳來咯咯咯的笑聲，突然間，燈光下出現的不只六名女生，而是二十名女生。我當然是嚇壞了。原來那所學校另外有十四名女學生深受我的啟發，不懼一切可能的結果，決心和我到歐洲去。她們好年輕，大概都在十五到二十歲之間，沒帶衣服、沒有船票、沒有錢，她們把希望寄託在我身上，成為我的責任。起先我很恐慌，想把她們送回去。但我想起當年和她們年紀相仿的自己時，一股祕密的同理心淹沒了我。不知怎麼地，我決定盡一己之力，帶著她們，看她們實現自己的企圖心。

然後，我要她們保持安靜，不要讓別人發現，我一定會和船長商量，協調她們的交通問題。長江的水流太過變化莫測，因此晚上無法行駛，所以雖然這艘船離開碼頭，但夜晚時，船還是被固定在河岸邊。我坐在甲板上，一邊思考問題，一邊凝望夜色，這時我突然發現，岸上一盞標示停泊的紅燈看起來似乎在浮動，若不是這樣，可能是那裡有數盞紅燈。現在我開始緊張了，看了好幾秒鐘，我很擔心綁在岸上的線可能已經破損，而這艘船正緩慢、無助地捲入水流，很快就要往下漂，整艘船可能會被撞沉，屆時便會是一場大災難。我大聲呼救，幾分鐘後，全體船員跟著船長，從休息處衣衫不整地走出來，一臉疲倦、驚訝的樣子。在那當下，你感覺他們似乎無法拯救這艘船，但是經過半小時的努力，我們又再次將船安全固定住。

船長走過來和我握手，感謝我意識到危險，預防了災難的發生。他表達感謝的時候，我想起那些女學生，決定好好利用這個機會。我告訴他那些女孩子的事，問他能不能為她們安排住宿，他很高興並默默答應了。一會兒過後，我們把所有的女孩安置在頭等艙的包廂裡。

想當然爾，從那時起到我接獲前往法國指令的那段期間，我遭遇到許多困難。即便我已經自掏腰包，錢還是不夠，最後我還是設法從起初就想去的女孩的家裡募到大筆資金，這樣就能帶著缺乏家中金援的女孩們出國。此外，這些女孩在重慶失蹤的時候，也引起一陣騷動，於是有傳言說我綁架她們，但是政府官員和其他重要人士站在我這邊，所以雖然有些父母親很焦慮，但綁架的傳言不久便已消散。最後，我帶著所有的女孩前往法國，她們的父母親總算沒有意見了。

離開中國之前，我們在上海短暫停留，為整趟旅行做完善的計畫與安排。我們在那裡時，孫中山夫人（當時和孫中山先生一起住在上海）邀請我去吃晚餐，他們夫婦對我的學生們很感興趣，也很高興我們往對的方向努力前進。

這是我最後一次見到孫中山先生，他在一九二五年與世長辭。那時候他特地騰出時間接待我們，他是個有耐心的人，不疾不徐，不若某些領導者那樣急性子。孫中山先生有著無比偉大、啟發人心的信念，最終總算實現了中國的夢想。此外，孫中山先生會以獨特的洞察力，從歷史的角度檢視當前所遇上的困難，這是他個人的智慧特質。對他而言，他生命中五年或十年的時間，才得以促成中國歷史上五分鐘或十分鐘的長度。他利用閒暇時刻，廣泛閱讀、書寫、計畫並思考。至於孫中山夫人，我對她的印象是：外表靜如處子，內心大膽如獅，她完全支持孫中山先生和他的理想。她對中國亦有偉大而持久的信念。這兩個人美好的個性，以及驅動他們的力量與情操，令人覺得與他們相處的時光，宛如神聖美好的插曲（絕非誇大其詞）。他倆能讓人感覺內心更平靜而堅強，使得一個人對自己的理想——或是更重要的是人性本身——會萌生全新的信念。只要是認識孫中山夫婦兩人，卻沒有從他們身上學到要解救人類這不可動搖的信念，那是不可能的事。如果一個種族世代裡能有這樣的兩個人，那個國家就不會瓦解、不致衰退。

上海的會面後，孫中山夫人和我以書信交流。我在法國期間她寫過幾封信給我，敦促我要努力幫助年輕的一代。我的女弟子們表現良好。她們求知若渴，很快便分散至法國各地，學習不同的專業領域，理想是回國之後能善用知識，帶給中國人民福利。有些人到里昂念紡織工業；有些人研讀法律；還有些人接受教師訓練。那些留在巴黎的女孩們讓我精疲力竭。在眾人眼中，她們無疑是群好女孩。總而言之，如果你想體驗每天處於焦慮、疲憊的狀態，只要帶領一群青春期少女就行了。念書很簡單，走私彈藥也不難，但是和一群年輕女子相處絕非易事。如果我把她們全部安置在同個房子裡，她們會一直說中文，不練習法文。如果我把她們分開，她們又會很想家，讀不下書。這種生活讓我片刻不得閒。

這個故事的結尾，發生在二十多年之後。一九三九年，我在二次大戰期間回到重慶。從南京疏散，抵達重慶時，我很驚訝一個女性代表團請求見我。她們是這個城市裡最重要的女性。一位是大型產科醫院的醫師，兩位是法官，還有一位是紡織業的領導人物，她們全都是當時隨我一起去法國的女孩。我們先打招呼，驚歎能見到彼此，然後坐下來懷念過往，笑著說她們年輕時做過那些很誇張的事。接著幾天，她們帶了父母親、丈夫和孩子過來看我，有些孩子還叫我「奶奶」，當然是笑話也是種恭維。那次初抵中國新都重慶，我們都感覺到這座城市的蓬勃發展，有許多新大樓和工廠。過了幾年後，這座城市才遭到日本人的炮火攻擊。

我們離開的時候是一九四一年，魏道明先生和我前往重慶機場，準備搭機飛往美國，許多才剛被建造的建築物又被摧毀了。憶及兩年前來到此地時，到後來的景象，令人不勝唏噓，傷心難過。

這一切對我來說有種象徵意義。我不禁感到，每當我們試圖建立什麼，還沒完成一半，就已經被摧毀，而我們只能無助地坐在一旁。我也把這些話告訴以前的學生，她們帶著家人到機場與我道別，再次報答了我在她們年輕時期所做的付出。我感傷地說：「什麼時候才能再見到重慶在戰爭初期的容貌？」

其中一人冷靜而篤定地說：「很快的。三年前這裡的一切，比起您回來後所建造的根本不算什麼，而那還不用花上二十年，這次大概花個兩、三年就好了。」

字字句句說得平靜，搭配上聲調與神情，讓我感覺這些話並非空口無憑。我看著這些女人，她們因為日軍轟炸，離開自己的家園，失去一切從南京與杭州撤離時帶來的僅有財產，現在她們被迫住在山腳下的小房子。然後我明白，沒有什麼——真的沒有什麼，能夠阻擋她們。於是，在這個烽火連天的城市裡，我發現自己過去的努力有了收穫，這收穫足以讓每個農夫深信土壤和種子都會復元、重生。這些人是新中國的核心人物，在他們的手上，未來不致失敗，只會更好。

注解

1 法蘭德斯（Flanders）：位於比利時和法國北方之間。
2 au revoir，法文的再見之意。
3 adieu，法文的永別之意。
4 楊庶堪（一八八一—一九四二）。四川重慶府巴縣人，中國革命家、政治家。一九〇五年加入同盟會，一九一一年武昌起義後，四川各地盟員齊集重慶，楊庶堪被推為主盟；一九一八年任四川省省長。

拾陸 魏道明博士

除了女學生的問題之外，一九二〇至一九二四年在法國的這段期間，是我人生中較低調的幾年。我繼續在巴黎大學的工作，遠離黨內事務。離家如此遙遠的情況下，除了繼續掌握那邊的消息之外，我能做的並不多。那時候，我總是強烈渴望能回到中國，置身於混亂情勢之中。但是因為決定完成學業，我努力抗拒那種吸引力，不去想返回中國、參與政治的事。我留在巴黎，勤奮苦讀，孜孜不倦。

法國的生活很愉快，我僅有的自由時間都和朋友在一起，當時我們組了個小型國際社團，有美國人、英國人和法國人，我位於拉丁區的房子被暱稱為「小公使館」。我從中國帶了位很會做菜的女傭，通常無論是下午茶或是自助式的晚餐，都會有中國菜色。

一九二四年，我終於從巴黎大學畢業。畢業那天是我人生中重要的一天，不只是因為我拿到法律博士學位，更是因為在經過革命那段艱難的歲月後，我的人生終於能進入有建設意義的階段。我已夢想許久，能盡自己微薄的力量，參與建設新中國。完成學業代表現在的我擁有工具，能為國家服務。

想起那天，我人生中那樣一個重要的時刻，至今還是很開心。那天我特別精心打扮，像是為了我的婚禮一樣慎重。我穿著一襲淺藍色洋裝，簡單的中式剪裁，搭配玉耳環和玉胸針，展現了中國風情，但頭髮則剪成時下最流行的鮑伯短髮。

由於這場合具有特殊意義，學院院長預定了最大的禮堂，表揚我的榮譽。禮堂內沒有什麼裝飾，只有牆上掛著華美的哥白林掛毯，主考官們就坐在室內正中央的那張桌子前。主考官穿著傳統的紅色貂皮滾邊長袍，我站在他們面前，以顫抖的聲音回答關於論文（我的畢業論文是《中國憲法新草》〔*The New Draft Chinese Constitution*〕）的問題。我的聲音往上傳遞，在空蕩的哥德式拱頂內碰撞，產生回音。

幾乎與我同時畢業的年輕男子，正是後來成為我丈夫的人，他的名字是道明．魏，中文的順序是魏道明[1]。在我看來，他的名字象徵的意義是「清楚、明白的路」。他的天性冷靜、勤奮好學，此外，我在他的身上感受到他對同胞那股溫暖的同理心。

我們在學生時代，一起度過很快樂的時光，我們天生都喜歡結交好友，也都有敏銳的幽默感。

畢業之後，魏博士回到中國任職於南京國民政府司法部，但我在法國多待一年，照顧我的女弟子們，畢竟她們尚未完成學業。

除了十四歲那年中途喊停的婚約安排之外，我的故事裡並沒有什麼（頂多只有一點）浪漫元素，原因有二。第一：那些年我的生活忙得不可開交，其實沒什麼時間想感情的事情，也沒時間與年輕男子發展關係。第二：我對自己的婚姻抱持著一種奇怪的態度。多年來出生入死、死裡逃生的經驗，讓我有一種感覺，我的人生似乎不是自己的，而是為了公眾存在的。

無論我遭遇何種麻煩，總是能幸運逃脫，全身而退。回顧我的志業，我不覺得自己有任何過人的能力，或許純粹是幸運使然。我想起其他聰明且才華洋溢的人，尤其是早年革命生涯裡，那位為刺殺良弼而亡的年輕人，他就沒那麼幸運了。所以我心裡有個想法，我被留下來是因為任務尚未完成。如此的宿命論與命定的信念，讓我決定終身不婚。所以多年來，我的人生尋求的是服務公眾的事業，而非婚姻生活。偶爾會有我認識的年輕人向我示好，或甚至直接求婚，但是都被我二話不說地拒絕了。

因此我與魏博士的情誼，在我當時看來，是全然純粹的友誼，一種萌生於共同興趣及志業的同伴情誼。對於我的問題，他總能給我實際建議，無論是關於我的學生、我的學業，或是所有我遭遇的困難。後來他比我早回中國，我們經常書信往返。每當我遇到困難，就會馬上寫信給他，請求建議，而他也會很快回信，回覆平靜而理性，令我寬慰安心。

回到中國抵達上海的時候，我看見魏博士和我的家人一起在碼頭等我。

接踵而至與親朋好友們的餐敘和聚會，令我感到疲憊困擾，所以十天過後，我便決定和母親及兄姊一同遠離家鄉，我們去了杭州的度假勝地——西湖。我對於自己接下來該做什麼，充滿疑惑與不確定，我想安安靜靜思考這個問題。在我的堅持下，魏博士和我們同行，和我討論，協助我做決定。

西湖是中國最美的度假勝地之一，位於絲綢與茶鄉的正中心，是一座小湖，周圍是低矮的山丘。許多古老的寺廟與歷史遺跡就隱身在這裡的小樹林中，或是在遠方能俯瞰湖景之處，更為這鄉間景色增添奇趣之美。

我們在春天造訪此地，而中國的春天很長。盛開的花朵與茂密的樹木充滿生命力，就如波提切利的畫作那樣豐富繁美。有座跨湖堤防，將湖分為內湖及外湖，堤防的上面有條路，適合晨間散步、跨越湖區的行程。陽光之下，各式各樣的船隻如繁星散落湖面，大大小小，藍色或橘黃色的風帆，如畫如詩。一切種種，造就了中國最迷人的景色。

某天晚上，月光之下，魏博士和我一起划船，我們靜靜划著，我開始說起令自己兩難的抉擇。北京政府請我去法務部工作，還有一所大型學校也請我過去擔任校長。然而，我並不想接受北京政府的工作，因為那裡的政府依然是落後的（保守估計是如此）。無論如何，如果要任職政府，我也想和革命時期的友人一同為廣州的國民政府效力。

我告訴魏博士，我並不想輕易從事政治相關工作。我感覺應該要有段維持獨立的時間，藉此觀察時勢，了解狀況，有必要再行動。但我很確定自己不會喜歡悠悠哉哉的生活，我得找到一個工作，能讓我忙碌付出，又能給我行動的自由。

如同往常，魏博士提出一個想法。他建議我們應該在上海合夥成立律師事務所。當他提出這個想法的時候，我知道一切問題都解決了，不只想好我要做什麼，連地點也都決定了。上海是全國中心，在這裡我有絕佳的機會知道全國狀況，也能完全了解當今社會的問題。上海是世界上人口最密集的地區（或者曾經是，因為後來日本人使此地人口數減半）。身為執業律師，我可以在小地方服務大眾，認識社會上各行各業的人，這樣的條件對我來說很有用，因為增進全國人民的福祉是我對自己的期許。

注解

1 魏道明（一九〇〇—一九七八）：字伯聰，江西人。一九一九年赴法留學，於巴黎大學取得法學博士學位，一九二五年回國後，與鄭毓秀於上海法租界成立律師事務所。一九二七年，任當時南京政府司法部主任祕書，一九二八年，升任為司法部部長。一九三〇年任南京特別市市長。一九四二年，接任胡適出任中國駐美大使，期間與美國國務卿簽訂「中美新約」，宣布廢除美國在華的治外法權。二戰結束後，魏道明出任台灣省政府第一任主席，上任後取消戒嚴，並加速整理重建戰後的台灣，至一九四八年底被免職。一九五一年，移居南美烏拉圭，在妻子鄭毓秀去世後再回台灣。一九五九年，魏道明出任中華民國外交部顧問，一九六四年出任駐日大使，一九六六年回國任外交部長；一九七一年辭去外交部長一職，轉任總統府資政。一九七八年五月病逝於台北。

拾柒　第一樁離婚案

接著，我開始個人的法律專業的生涯，然而並非一帆風順。我早料到自己必須面對根深柢固「男性優越」的偏見，更別提一般人對於既得利益的反感，當然這個問題不只存在於中國。然而，我千里迢迢、費好大的工夫才完成法律教育，這點小阻礙是不會難倒我的。

當時上海治外法權盛行，司法制度可謂是全世界最複雜。有鑑於日後某些法庭將被廢除，英美治外法權亦會終止，我就不再詳細探討舊制的上海法院組織。我們可以說，上海這個城市分成三個部分：中國城區、法國租界區以及公共租界區。正統中國法庭管轄的是中國城區範圍，而每個外國租界區都有混合法庭。針對在中國城區發生且僅有中國人涉入的案件，中國法庭有絕對審判權；混合法庭處理的是原告為外國人、被告為中國人的案件，或是中國訴訟當事人但居住於租界區的案件；

此外若案件原告為中國人，被告為外國人，則由被告國籍之領事館法庭審理。因此，上海法庭負責審理的案件有四類，有多少國家擁有治外法權，就有多少法律條款，還有中國法規和兩個外國租界區的當地法則。整個上海地區存在著混亂、複雜而互相衝突的審判、法律以及程序，毫無疑問，這裡就是精明律師的執業天堂。

我首先申請中國律師執照，但這有困難，因為過去並沒有法庭上任用女性律師所適用的規範條款。我會提出申請是因為，即使現況如此，也沒有任何規定禁止女性涉入法庭工作，而如果女性能達到前述之要求，政府就沒有合法理由，不讓女性律師執業。這項申請的決定權落在兩名保守的北京政府官員手上，延宕了許久，顯示他們正在審慎衡量，我的申請是當時的先例，會產生重大影響。

雖然如此，我卻很順利地在公共租界區的混合法庭獲得執照。至於法國租界區，當時還只有法籍律師，我很快便知道他們想阻擋我的申請。直到後來我獲得法國首席領事那齊雅（Paul-Emile Naggiara）的支持後，我的申請才總算通過。那齊雅是一位具有遠見與智慧的紳士，他後來成為駐華大使。

（即使如此，貶低我的流言仍然四起，說「新鮮人」女律師沒有能力缺乏經驗。但許多同事依舊與我們同一陣線，後來我們努力打贏一場又一場重要官司，才在這項專業領域中立足了）。

我與魏博士共同的辦公室位於法國租界區，那是個長型的空間，我們的座位各踞一端。律師事業持續進行，發展出一套運作方式：複雜困難的案子我們一起處理；與女性有關的案子由我負責，其他案子由他負責。

我們清楚表明，不承接根本上很可疑或是立基點不足的案子，因為這些案子不僅枯燥無味，而且由於這類案件注定失敗，在名聲方面會造成反效果。對我們而言，在法律界的名聲不只是賺錢的憑藉，如果想幫助不幸之人，或是在上海促使某些事務更進一步發展，最重要的是，我們必須維持在業界的名譽及誠信。

我們秉持著這項原則接案。有天下午很晚的時候，一位年輕女子來找我們，緊張又興奮地直接走到我的辦公桌前，坐下後馬上對我傾訴困擾。這就是鄭小姐與魏先生的事務所承接的第一樁離婚案件。我很高興，因為這個機會讓我能開始幫助在婚姻裡不快樂的中國女子，為她們爭取自由。

在過去的中國，幾乎沒有人知道離婚為何物，直到一九二七年仍然十分罕見。不快樂的婚姻，為數之多（雖然情況可能不及西方國家嚴重），讓我感覺自己該做些什麼。

李太太的故事是年輕夫婦常有的狀況，無論是美國人或是中國人皆然。她結婚兩年，一直以來都和丈夫鶼鰈情深，直到最近有了變化。她感覺他對她的態度突然變得冷漠，她的孩子才剛出世（她來找我的前一個月才出生），她感覺自己已經無法回到他身邊，並懷疑他和她的遠房表親有染，因為他總在外面待到很晚，每次問他原因，也說不出來。

李太太花了些時間，才哭哭啼啼地說完這個悲痛的故事，中間還穿插不對題的批評。但最後，她說他對伴侶不忠，不知感激，為人不可靠，總之就是不好，所以她想離婚。我完全能同情她——那個男人看起來就是個惡棍，我告訴她離婚很簡單，請她過幾天之後再來找我。

她離開辦公室之後，我把椅子轉過去，對著魏博士說：「你覺得怎麼樣？那個可憐的女人，她丈夫這麼羞辱她，我想她應該離得成。」

魏博士並沒有立刻回我，他只開口說：「你在詢問我法律上的建議嗎？」

「當然啦，」我說。「這只是法律上的問題。還會有什麼問題呢？」

「嗯……法律上的依據是什麼呢？你也知道，離婚案件在中國還很新，必須罪證確鑿，法官才會判他們離婚。」

「但是，」我毫不憂慮地說，「我不擔心證據。你也聽見她的故事了，要提出證據，證明這個情況很簡單。」

魏博士再度沉默幾秒鐘，我有點好奇地看著他——我發現他心裡有些不同的想法。最後他開口說：「但是，離婚案件簡單好辦，是這整件事情的重點嗎？」

「啊——」我不懷好意地說，「我知道了。你現在看這件事的觀點已經不是個律師，而是個男人，你站在她丈夫那一邊。」

魏博士搖搖頭。「重點並不是站在男人或女人那邊，這關係到我們事務所的原則。我們要怎麼處理離婚案件？難道我們只因為很簡單，就要幫我們的客戶打離婚官司嗎？或者我們應該站在人性的角度為他們著想，盡可能拯救更多的家庭與婚姻？」

這個問題相當合情合理，但這次輪到我生氣了，這個問題觸及到我最無法容忍的一點，我的手臂高舉著主張男女平權的精神，憤怒用力地揮出去。

「我們過去不是談過關於開放、改革等所有一切相關的想法嗎？我從沒想過我會發現你對女人還留有中國的古老想法和偏見。唯有中國女性得到自由，中國才會自由，你也很清楚，過去在這裡，女性無法和她的丈夫享有同等的權利。」

「等等——等等。我並沒有說我對女性有任何偏見。我們可以接受客戶的案子，幫他們打離婚官司，但我希望你考慮的是——這樣他們就會心滿意足嗎？你說你希望為社會的福祉努力，這不就代表，我們的目標應該是男女雙方的幸福美滿嗎？不分青紅皂白，就幫他們離婚，是正確的嗎？又或者，那才是通往不幸的路途？」

「但是，」我氣急敗壞地說，「法律上針對女性遭到不當對待，並沒有任何補償方法。」

「還是有一些，」魏博士同意道，「但不是多數情況。大部分的婚姻仍然是美好的，不幸的只是少數。婚姻美滿的原因是，在不能離婚的情況下，兩個人必須學習與彼此相處，讓彼此快樂。」

這時候，時針指向六點，該回家了。我們離開辦公室，走回我家的路上，我們還不停地激烈爭辯這個問題。

「你根本一點都不了解女性的心理狀態，」我激動地說，「如果你懂，你就不會說這種話了。」

魏博士冷靜沉著地說：「啊，但我懂啊。這就是我為何如此看待離婚。對男人而言，婚姻是最好的生活方式，對女人亦是如此。情誼貴在長久，老情人，特別是初戀，是最美好的，是每個人一生該努力珍惜的寶貝，否則兩個人都會很痛苦。

「某些情況下，離婚確實是必要手段。然而，像在歐洲，尋求離婚的人其實只要多嘗試，就能相安無事。因此他們終究苦悶不快樂，然後等到年老時，他們會發現過去堅持的『自由』，也沒什麼好說嘴的，只會讓孩子迷失、沒有安全感，讓自己孤單寂寞。我們在巴黎見過一些英、美的離婚婦女，她們有亮麗的外表，但是你不會覺得她們過得很開心吧，因為除非她們明白婚姻是建立在雙方的互愛、謙讓之上，否則她們永遠不會快樂。」

我緘默不語，悶悶不樂，因為我無法強力反駁。

魏博士轉過來看著我。「實際一點吧，又不是要你跟那些想離婚的客戶說我們不會幫她。遇上離婚案件，我們當然還是會接。但你不覺得先看看我們能怎麼樣協助，為夫妻和解，這樣的作法也很好嗎？換句話說，反正我們執業也不是完全基於謀利的態度，我想我們的目標應該是讓客戶幸福，為他們爭取法律上的權益。」

他的想法幾乎成功地說服我。但是我心裡有股強烈的使命感，想幫助女性朋友。雖然當下沒有表明，但我不得不佩服魏博士如此深思熟慮，他考慮的不僅是這個案子表面上的問題。

於是我問他：「但是你也同意，對於某些案子而言，離婚是必要的手段，對吧？」

「當然，」他回答說。「離婚可以讓兩個人從不愉快、難以忍受的婚姻中解脫，而每個社會或多或少都有這樣的婚姻。但我不覺得我們應該鼓勵人民，引起離婚潮。婚姻是適合社會上每個人的生活，但離婚不是，離婚只是為少數人以及為維持婚姻制度的完整而存在。所以我們拿第一件案子為例，在採取法律途徑前，先試試看能否和解，接著如果你還是認為那名女子受到不善對待，再走離婚程序。」

面對如此合情合理、真正為他人著想的看法，我不得不妥協。「但我們要怎麼做呢？」我問。「那個女人已經怒火中燒，勸她和丈夫和好的話，她也聽不進去。」

魏博士和我決定，最好的方法是延緩前面的程序，讓我們的客戶有段冷靜思考期。我們可以藉口說準備工作繁複，得耗費許多時間。

那個女人第二次來見我的時候，詳細著墨她的婚姻生活有多不快樂，我同情地聆聽，但沒做任何評論。接著，她有點躊躇地問我進度如何，我告訴她要有耐心，會花點時間，並要她過幾個星期之後再來找我。

第三次來找我的時候，她的情緒已經不那麼激動，也不會焦急地催促我們案子的進展，雖然她確實有問現在進度如何，但是我說一切都很順利，她也沒顯得一副興高采烈的樣子。魏博士和我知道，是時候可以為這對夫婦和解了。

她離開之後，我們致電請她的丈夫過來，告訴他，他的妻子有來諮詢離婚。他啞口無言，等他回過神後，開口就說他很愛太太，沒料到她會想離婚。接著我們列舉幾項她抱怨的事，看他作何感想。他說在外面待到很晚的原因，是因為他現在正面臨經濟上的困難，而他並不想告訴妻子這個狀況。所以，他晚上還兼差，為的是賺錢還債，保護他們倆的未來。工作讓他筋疲力盡，回家後他就會比較不耐煩，所以每當他妻子挑剔他，他也會發火反駁，而且感覺她什麼都不了解。但他在外面絕對沒有其他女人。

隔天，我們請兩名客戶分別過來。雙方在不知情的狀況下，在事務所碰了面。

他們抵達、見到彼此的時候，什麼話都不說，但接著魏博士開始像個父親一樣和他們談話。他告訴他們打離婚官司有什麼缺點——會有公眾介入，而且離婚常常會造成不幸福的結果。最後他提議說，不如由他來擔任公正的裁判，他們各自重申對彼此的抱怨，他會提出結論。妻子開始說話，但並沒有說很多，她的聲音漸漸縮小，然後沉默，她的丈夫開始反駁她；他們看著彼此，雙雙落淚。接著，他們帶著滿滿的感動，握著彼此的手（中國人不會在公開場合擁抱）。這時，魏博士和我覺得該離開辦公室了。

我們第一個離婚案件就這樣結束了。藉由此案，我們決定未來案件的處理流程，並繼續展開這種非正式的法庭，至少有百分之七十的案件以和解告終，並展現感人的團圓畫面。魏博士和我深受許多案件感動，我自己也常常很想哭。

因此，我密切接觸過許多夫婦，也常和魏博士討論，然後得出結論，這些經驗可能不知不覺地讓我對婚姻制度有比較正面的態度。我漸漸了解，沒有人是孤單的。古語說：「沒有家人，自己什麼都不是。」也引起我的共鳴。

以中國而言，家庭向來是社會中情感、經濟或甚至是政治上，最強而有力的組織。大家族緊密相依，只要家中糧食充足，家裡沒有一個人會挨餓受凍。家族裡，上自曾祖母下至小嬰兒，信仰著相同的倫理、規範、哲學與宗教，如此思想上的延續，使得世世代代的智慧不至於遺失或被遺忘。以家族為單位的系統，演進為宗族系統，這就是何以世事變化無常，中國人卻能在世上屹立數千年的原因之一。每個宗族都有其功能，像個小型的自治政府般照顧家裡面的人。這種系統當然有其弊端——世襲的態度阻擋中國現代化的進展——但整體而言，這個系統相當實際且有所助益（至今某種程度上而言是如此）。在這種自治單位之下，存在著最古老的民主元素——多數決的概念。

我在上海擔任律師執業的第一年，中國發生了許多大事。廣東國民革命軍展開統一中國大業，在一九二六年七月，國民革命軍總司令蔣介石展開其北伐任務。

作戰行動很成功，迅速告捷。年底之前，國民革命軍已經掌握許多省的重要城市。旗開得勝的原因，不僅是陸軍的作戰技巧和士氣，更是因為當地人民認同他們的理想。我頭一次曉得，這場戰爭使用了政治作戰方式，效果卓越、廣泛。政治組織必須先投入地方，然後才是軍隊，等待情勢有利，很快就能獲得大多數人的支持。因此，敵方的作戰統領或是士兵，很快就倒戈加入總司令蔣介石的陣營。

在收復許多省之後，總司令從江西移至浙江，再轉往上海。到上海時，魏博士和我早已與城裡的「地下組織」密切合作。

當時的上海由孫傳芳將軍控制，我們著力在進行一些反對他的工作。由於我們在城裡地位獨特，因此能夠從社會不同階層的人士中獲取有用的關係。

除了工作之外，我們在各方面也多有表現。我很高興從法國回來之後，決定遠離政治，並選擇上海作為工作的地方，這是個正確的決定。在我們的行動之中，最重要的一項工作，是與蔣介石總司令的祕密特務合作。這些特務在他抵達該地的前幾個月便開始準備。由於大家認為我們僅是從事法律專業相關工作的個體，所以我們能幫上很多忙。我們取得並提供他們資訊，警告他們可能會遭到逮捕，必要的話協助躲藏，並且常常利用我們和警界及政府的關係，讓他們順利脫險，當然這一切都被我們以「一般商務」的名義作為掩護。

有一次，政府發出逮捕令，要逮捕二十多名國民黨員，理由是偷竊搶劫——那是一項荒謬的指控，為的就是要讓他們落入孫傳芳將軍的手中。我要求警方延緩一下，先等我和法國駐華大使那齊雅做討論。我告訴大使說，他們逮捕的人裡面有些是中國的精英分子，逮捕令會將他們以「偷竊搶劫」罪處置，簡直錯得離譜。他看了那份名單，同意我的說法，便請警察取消行動。

一個月之後，上海落入國民政府的軍隊手中，孫傳芳則逃至天津。

拾捌 結婚與公職

由於北京政府在上海的官員已經棄守這座城市，國民黨組織便接手管理當地政府。由於工作的關係，他們請我擔任上海臨時法院院長。這個邀約令我受寵若驚，但不知怎的，我並不特別期待。這個工作意味著我得減少個人活動，而且並不若執業律師那般吸引我。我希望能保有自由，以免有任何重要或令人興奮的事件需要我協助。然而，若出任法院院長，我必須隨時待命，謹慎維持司法正確，所以我拒絕這個邀約。

我的老朋友（也是從國民黨退役多年的老兵）聽到這個消息之後，大為震驚。他向來明白我對中國的未來懷抱著希望，以及對於相關事務的奉獻，因此不懂我為何拒絕這個工作。然而，他強烈地感受到我接受這個職務與否，會對新政府想在各方面有所發展產生很重要的影響——不只是因為我是知名的革命家與律師，更因為我是爭取中國婦女權利的女性代表，而日後的結果亦如他所料的。

但是他很了解我，他知道我有時會固執己見，若想以爭辯的方式說服我做不想做的事情，是不可能的。所以他來見我的時候，展現出其有如心理學家般洞悉一切的才智。

「嗯，」我們坐下來喝茶，他邊說：「我聽說你拒絕擔任上海臨時法院院長，坦白說我真的很吃驚。我以為，在所有中國女性當中，你將會堅持到最後才不得不承認：有些事只局限於男人，女人不能做。然而，我覺得你之所以拒絕這個工作，是因為你認為自己無法勝任，又或者，這個工作對女性而言太過重大。」他停下來，對我露出揶揄的笑容──「也許你認為這類公家機關不該由女性主導。」

我怒火中燒，一大堆反駁的話早已箭在弦上，就要發射出去。但我明白，要證明他說得不對，只有一個方法，那就是接受這個職位。因此，我成為中國第一位女性地方法官，原因很單純，只是因為想接受挑戰以便證明女性的能力而已。

當然，這個新工作也意味著魏博士和我的合作關係將要結束。不光只有我的時間被新任務佔據，魏博士也接受國家政府的重要工作。所以很遺憾的，我們必須關閉事務所。

然而，就在事業上的合作關係結束時，我們彼此的關係也開始有了變化。有好一段時間，我就已經知道自己對魏博士的感覺，不再只是單純的柏拉圖式友誼，他也是這麼認為。但我自己對婚姻的想法仍猶疑不定。幾年前，我決定婚姻並不是我人生追求的，我想把自己全然奉獻給我選的工作。要我全然改變態度真的很難，但我更在意魏博士的想法。

後來，一位德高望重的女性，她與我們雙方都很熟識，決定幫我們處理。她說我們有這麼多相同的興趣，是天造地設的一對，如果我們在感情上能有好的結果，一定會讓我們的事業、理想都更上層樓。她的話和真誠的建議終於趕走我的疑惑。

一九二七年八月，我們結婚了。我們在上海的鄉間舉行婚禮，是個簡單的小婚禮，只有雙方親人受邀參加，結束後，我們立刻回到自己的工作崗位上。

後來，南京成為中國的新都，也是江蘇省省會。中國各省政府由九人的政務委員會負責，各省政務委員長相當於美國各州州長。後來江蘇省政府重建於南京，我被選為江蘇省政務委員。這個職務佔據我許多時間，加上我想和丈夫在一起（他在南京為政府工作），所以我辭去上海臨時法院的工作。但是不久之後，我又被任命執行一項在國外的任務。

雖然國民黨掌控中國長江以南的地區，但外國勢力仍然視北京政府（當時由張作霖將軍主導）為正統，尚未認同南京政府。後來在設立南京成為中國新都之後，法國公使很快由北京南下，進行非正式的會議。我們喜出望外，因為這表示法國認同這個新政府。此外，由於會議氣氛友好，我方決定派出一位非官方的公使前往法國。

因為我曾經久居法國，有許多朋友在那裡，對那個國家也很熟悉，因此政府要求由我帶頭執行這項任務。我並沒有正式職稱，但我是南京政府正式授權的交際代表，我的責任是促進中法雙邊關係，增進對彼此的了解。

所以在一九二八年初，我辭去江蘇省政務委員會的職務，與魏博士道別（他無法和我一同旅行，因為他當時擔任司法部次長），再次啟程前往歐洲。

拾玖 好友撒手塵寰

回到法國時，我發現那裡的朋友都急欲幫助我。相較於八年前，這時候大家都更了解中國的需求與目標。我在外交部的聯絡人以及有影響力的朋友們，都幫了我很大的忙。但我深知，若想成功完成使命，還需要一段時間。我的工作內容包括：與官員私下會談、參與非正式會議，以真誠的勸說和媒體持續對話，並啟發媒體行動，這些工作令我疲憊不堪。

在這時候的中國，總司令蔣介石正開始最後的統一工作——討伐北京。統一中國看來就在不遠處了，果不其然，我們在這時碰上日本的阻撓威脅，不過他們藉口說這是「維護秩序」和「保護日本國民」。隨著軍隊接近山東省，日本人也移至山東省會濟南市，阻止軍隊繼續往北前進。因此日本與中國接二連三起了衝突。連續好幾天，衝突地區與外界的聯繫被阻斷，外界僅能得知有日方描述的消息。

我在法國的工作就是把這類衝突告訴法國人，揭發日本的真實面貌。我指出這是日本的慣常模式，以實現他們邪惡的計畫。

在法國的這段時間，勒胡夫人碧喜（Bessie Hugues Le Roux），幫了我很大的忙。碧喜是位優秀女性，來自美國，她的丈夫是法國人，也是法國參議院議員。碧喜出身美國開拓先鋒的名門望族，她的祖父搭乘著大篷馬車移居至伊諾利州，後來成為伊諾利州州長。在巴黎求學的那段時間，我認識了碧喜，並和她成為好友。我回中國的那段時間，她的丈夫過世了。在度過悲傷、生病的日子之後，碧喜從社交舞台上退下。

但是因為我這次回來，她決定不再深居簡出，希望能幫助我。她不僅是我的好朋友，也受過高等教育，是一名才華洋溢、辯才無礙的作家，在各方面均有傑出的表現。

剛相聚時，我很驚訝她變了很多，看起來老了好幾歲，纖瘦、脆弱又悲傷。但是當我說起中國，提及那邊正在發生的事情時，她的雙眼炯炯有神，閃耀著過往的熱情，她的理想和興趣幾乎與我一致。

於是她開始工作，為了我開始和人見面，為報紙撰文，並且以各種她能力所及的形式，為中國不斷努力。她與法國政府官員以及媒體的人脈，對我而言是無價珍貴的協助，若是沒有她的幫忙，我可能無法順利完成任務。

那段時間我很忙碌，但這是我最喜歡的狀態，而且有最要好的朋友陪我，一起為祖國努力，執行令人期待、充滿成就感的工作，還能住在宛如第二個家鄉的法國，生活好不快樂。除此之外，我懷孕了，預產期就在那年五月。後來我的丈夫接受國民政府的另一項任務，來到法國，那時，我感覺一切完美至極，但是好景總是不長。

我的好朋友碧喜生了重病。剛開始只是普通的感冒，但是因為她長年健康狀況不佳，幾週過重的工作量，使她的病情更形嚴重。起初她拒絕看醫生，但最後因為我的堅持，她還是去看了。但這次她得了肺炎，好幾天下來我們都非常擔心。有天大約清晨五點鐘的時候，我喚醒丈夫。我那時好傷心，全身顫抖，因為剛剛做了個噩夢。夢的本身其實沒什麼特別，但是整個過程瀰漫著令人噁心的恐怖感覺——我看見碧喜穿著白色衣服，朝著我走過來，接著又逐漸後退，直到整個人消失無蹤。我被嚇醒，總感覺是個不祥之兆。我坐在床上，顫抖哭泣了十五分鐘，試圖甩掉這想法。接著突然間，電話鈴聲響起，朋友哭著跟我說，碧喜在半個小時前過世了。

接下來幾天，我整個人悲傷自責，近乎崩潰。就像那些前線上的士兵一樣，勒胡夫人因為中國的理想而過世。令我傷心的是，我不只失去一位好朋友，更難過的是，我感覺自己徵召她為我們的理想賣力，太過頭了，耗盡她僅存的氣力。

經過這個悲劇之後，我想回中國休息一段時間。但在此之前，我必須先等孩子出生。一九二八年五月我們的兒子誕生，我的精神為之一振，我們都十分快樂，把他取名叫作周梅[1]。幾個星期過後，我們途經美國返回中國，向政府報告任務結果。

抵達上海的時候，國民革命軍已經贏得對北京政府的軍事作戰行動，全國上下得以統一。面對新世代的到來，舉國歡騰，帶著樂觀的精神，中國進入了國家建設階段。

由於母親年歲漸長，我留在上海和她一起生活。母親毫無限度地去愛護她的外孫小周梅，令她感到快樂無比。她總是忙進忙出，為了好好照顧外孫，讓他過得快樂舒適。

這個時期，國民政府已經獲得世界強權的承認。現在的問題是，應該派誰出任中國駐法大使。有一天外交部副部長過來找我，他告訴我，政府當局正考慮指派我為駐法大使，他問我是否能接受這個職務。

能夠成為中國首位女性外交官，代表國家出任駐歐洲國家的大使，是件很榮譽的事。如果不是兩個原因，我肯定會接受這個工作。首先是因為我已經出國太久，我想留在中國，看看這個民國新紀元將發生的巨大變化。另一個原因是，我想待在中國陪母親度過晚年。

我詢問魏博士的意見，但他顯然認為這個問題太複雜，無法替我決定。我感覺他當然不希望我再出國，但他並沒有給我明確的答案。他請我跟母親談談。

此時，我母親聽聞這個新消息，知道政府將授予我新的榮譽及職位——但是她並不快樂。如果我成為駐法大使，一去又會是兩、三年，她現在年紀大了，可能不會再見到我了。我答應她，如果要去也只會去一年，但是她覺得只要政府一施壓，我鐵定無法遵守這個承諾。

所以我母親打了通電話給外交部副部長朱先生2，請求見面，那天，他很驚訝在部內看見這位年邁老嫗。

後來我聽說了這件事。那天朱先生對母親說：「阿姨，請坐，今天是什麼風把您吹來？」

母親雙手緊握在胸前，做出懇求的姿勢，回答他說：「請別要我的蘇梅擔任駐法大使。我很老了，時日無多，想在嚥氣之前，多看看我最喜歡的孩子。」

其實在不知道這件事的時候，我就已經決定拒絕這個工作。因為自結束上次旅居法國的工作後，我至今仍覺得相當疲憊。此外，我過去本來就打算避免從事政府的工作，盡量遠離政治事務的核心，因此我拒絕了這個榮譽的工作職位。

注解

1 Tchow Mei：此為音譯的名字。
2 Mr. Chu：此為音譯的名字。

貳拾　起草「民法」

全國統一不久之後，政府的立法部門已經組織完成。一九二八年十月，政府頒布「中華民國國民政府組織法」，因為國家永久憲法的實施已被延宕。於是孫中山先生的「訓政時期」正式展開。

根據「組織法」的規定，政府由五個部會組成，各部會稱作「院」。其中三個：行政院、立法院、司法院與西方民主體制下的機構相似。另外兩個機構：監察院及考試院，乃根據傳統中國政府體系設置，分別是為加強監督政府作業，以及選拔政府官員等相關事務。

一九二八年十一月召開第一屆立法院（類似美國國會）院會。全院只有兩名女性立法委員，也就是蔣介石夫人和我。

這是我的事業生涯中最顯著的時刻。回首過往，早年在北京的歲月，對革命同志和我而言都是痛苦掙扎，勝利時的一陣歡天喜地之後，又陷入愁雲慘霧之中。這些年以來，我看見中國的改變，了解自己與中國一同進步了多少，我心滿意足但也帶著驚訝。無論你多麼深信夢想終會實現，真正到來的那一刻，總會令人無法呼吸、驚歎連連。當然，我們的任務尚未達成，還得繼續努力，眼前還有許多工作。即便如此，這小小的進步已是過去許多人認為終生望塵莫及的結果。

接下來的工作中，第一步是中國民法起草的工作。因此政府成立民法編纂委員會，成員共有五人，我是其中之一。我個人相當期待能夠負責這個工作，因為雖然大眾一般已經認同男女絕對平等的觀念，但是編入法典仍是重要的具體承諾。

民法編纂委員會的任務既冗長又困難，我們花了超過兩年的時間才完成「中華民國民法典草案」。起草過程中，委員會有責任提供國家具體的法律原則基礎，比較西方國家中高階的法律系統，亦有責任保留人民已習慣數世紀的習俗、傳統與道德原則。因此，委員會努力不懈地參考世界上具領導性的法律系統，評比並篩選其中的法條與原則，發現適用於中國的原則即納入民法起草內容，我國傳統習俗內的精華亦被保留下來。

經過多次草案及聽證會之後，國民政府於一九三一年正式頒布「民法」。

新「民法」成為國家正式的法律條文，保障中國女性在公民權與產權方面的平等，此外亦享有絕對平等的政治權。

根據這部新「民法」，女性與男性均享有行使法律之能力——享有權利，並盡義務。未婚單身女性有權簽訂或廢止婚約；以個人名義持有或讓渡其個人資產或房地產；可擔任其他人的代理人；可以繼承人或遺產受贈人的身分享有繼承權。

已婚女性可與丈夫取得共識，具有保留原本姓氏，不需要冠夫姓的權利。

此外，根據「分別財產制」的原則，妻子有權持有、管理、享用，以及取得其收入或是由其個人分別財產取得利益，而不需要經過丈夫同意，即可處理其個人財產。妻子的個別財產亦不受丈夫積欠之債務影響。然而，若丈夫無法負擔家庭開銷，妻子有義務以其資產供給家庭所需，丈夫亦有權要求妻子由其資產中撥出足夠金額，支付家庭開銷所需。

若是家裡發生重大事故，妻子可被視為丈夫之默許代理人，有權簽訂可約束丈夫之契約。然而，若重大事件影響到妻子的個別財產時，她有權以其個人名義處理，無異於單身、未婚之時。

因此，新「民法」清楚規定，中國女性在公民權與產權方面享有絕對平等之權利，但也應盡平等的責任義務——男女雙方真正平等，無偏頗對待任一方。

這段時期，我們的家庭生活也可說是安排得宜。魏博士成為司法部長，所以我們倆拚命工作，在政府的平行單位裡各司其職。下班回到家後，我們都會詳細討論每天的進展，分享彼此的內部消息、增廣彼此的見識。

民法編纂委員會的工作完成之後，雖然政府機關的工作也很有挑戰性，但我發現自己仍然很想繼續專業工作，於是我回到上海重操舊業，擔任律師。那時候魏博士擔任南京特別市市長，所以完全不可能參與私人公司的工作。不過，南京和上海距離大約三百五十公里，所以我們倆常相互探望。

那段期間，我還有另一項與上海法政學院有關的工作，至今回想起來仍是充滿成就感。顯然，中國會越來越需要法律專長的學生，因為新的民主政體，需要符合資格的人才來帶領，人才的培育不能中斷，持續仰賴歸國的留學生亦非明智之舉。因此便重組了上海法政學院，而我被選為院長。在那七年的時間，我擔任此職，穩步提升了學校的水準。

貳拾壹

一九三七年七月

江西廬山上有處名為「牯嶺」的地方，是近年來熱門的度假勝地。牯嶺海拔高度約一千兩百公尺，山峰懸崖環繞，而此地隱身其中，位居雲霧繚繞之高地，氣候涼爽宜人。

抬頭上看斜坡，可見白霧散落於遠處看似蜂巢的石屋之間。山谷下並沒有公路能通到山上，只有粗糙的岩石路，所有的曲折與轉彎即是土地原本的樣貌，若欲登高，唯一的方法便是搭轎子。

登上高峰處，能立刻感覺旅程中所有的困難都是值得的。這是世界上最寧靜的景點，適合休息沉思。

總司令蔣介石先生與其夫人知道這地方古色古香，具有不凡的迷人魅力，在他們的宣傳之下，此地成為避暑勝地，以及國民政府總部非正式的會議場地。自國民政府建都南京之後，總司令每年都會在此舉辦會議，邀請各界領袖過來商討問題。軍校學生也常會集結於此，聽取蔣介石先生的演說。前兩年夏天，政府各部會也遷至牯嶺，避開南京過熱的夏天。

一九三七年七月，我離開上海前往牯嶺，欲休息一段時間並去和丈夫會合，他位於牯嶺的夏季辦公室已經設立。我們有間舒適的小屋，還有處小空地作為花園，這空地上種著茂密的樹木與矮樹叢，周圍是漆黑的樹林。回顧這段祥和寧靜的時光和這片樹林，一切看起來就如一場美夢，那個世界完全沒有當下殘酷的現實。站在家門口，就能欣賞落日美景，緊接著又有月亮升起。傍晚某個時間，不同寺廟裡傳出敲鐘的聲響，迴盪在山谷中，從山下聽起來，就像是遠方有個大型樂器發出的樂聲。

有空的話，我們會去野餐或是沿著山間小徑散步。雖然大部分的話題仍然圍繞著政治情勢，但這裡真可說是名副其實的香格里拉，與我們在城市的生活相比，有如天壤之別。

有天早晨，魏博士接到辦公室一通緊急電話後便出門去。不一會兒，一位祕書過來看我，激動地通知我日本軍隊已對北京附近一座城市發動攻擊，情勢緊張，刻不容緩。

日軍聲稱，一九三七年七月七日晚間，於盧溝橋附近（就在北京城外圍）舉行軍事演習時，有一名日本士兵失蹤，故要求進入盧溝橋附近的小城宛平縣調查。當然這只是個藉口，後來中國拒絕日本的請求，日本步兵及炮兵即立刻朝宛平縣發動進攻，中國軍隊強力抵抗。

針對此次事件，雖中國努力尋求和平解決之道，但日本不斷從滿洲增調援兵。所有現象皆顯示，日本已經展開其全面入侵中國的野心行動。

這個壞消息令人想起一九三一年發生於瀋陽的九一八事變。我們相信，這只是個開始，接下來還會有更多更嚴重的衝突。壞事傳千里，很快地，整座山的人都在討論這件事。

之後我們收到通知，日軍已於七月八日佔領豐台。有人在東京抗議，堅持要日本軍隊撤退，但是毫無作用，戰火持續延燒。七月十二日，上海的情勢已經十分緊張，當地的日本海軍陸戰隊做出威脅挑釁的行動；七月十六日，日本增派數十萬兵力至中國；最後在七月十七日，中國避免正式宣戰的努力宣告失敗。蔣介石先生在廬山發表了一段歷史性的演說。

演說的大致內容是：「我們希望和平，但並非建立在這種條件之下。我們不求戰，但已準備好抗戰。盧溝橋事變是轉捩點或是最後的關頭，從後續行動判斷，顯然敵方已經準備入侵中國。我們應以性命保衛領土。對日本，我們將不再妥協，我們應抱定犧牲一切之決心。」

蔣介石先生的公開演說獲得熱烈回響。這麼多年苦難的歲月裡，我們費盡心力避開日本的計謀，現在我們的領導人終於宣告，說我們可以為國戰鬥，而這正是多年來我們一直想做的事。

日本的目標在我們看來顯而易見，其對中國的壓力日益加重。自從一九三一年在滿洲扶植傀儡政權之後，日本亦開始侵佔南方領土。一九三五年，日本外交部要求中國政府承認，日本在中國北方的特殊地位，遭到拒絕。接著日本費心製造多起意外事件，企圖加速發動全面戰爭，但是直到這一刻之前，國民政府都還在努力緩和情勢，拖延時間。

毫無疑問的，盧溝橋事件是日軍故意安排，因為他們認為發動戰爭的最佳時機已經到了。

我在牯嶺又多留了幾天，這裡群情激動，形成對比的是我們之中的幾位外國人，他們的表現相對鎮定。對他們而言，這只不過是表示會有更多偶然的軍事行動，但這些年來他們也知道這些事件會不斷上演，對他們而言更重要的是，未來就算有炮艦保護，疏散家園的工作仍然十分不便。

其中許多外國人是我的朋友，雖然他們同情我對於日本的感覺，但仍舊無法想見最後的結果。我警告他們日本當時的軍國主義，就如同田中奏摺1內容所描述日本的野心，在田中奏摺裡，他很清楚地說明——「為了征服世界，日本必須先征服中國。」

當我強調這句話的時候，我的外國友人微微一笑。他們很清楚日本誇張的野心，但他們無法想像日本會如何實現其野心，亦不覺得會嚴重影響世界上其他地區。無力爭辯的我依然堅持己見。如今，我當時強調的話已為世人所熟悉。

我說：「和平與戰爭是不可分割的。如果中國遭到入侵，全世界亦將被軍靴蹂躪，毫無疑問也包括美國。世上沒有國家能幸免於難。如果全世界對於日本的入侵行動不採取積極作為，星星之火足以燎原，最終將引發世界性的戰爭。」

但是他們之中沒有什麼人相信我的話，我開始有點急躁，最後以責難的口氣跟他們說：「只懂隔岸觀火者，最終恐怕難以全身而退。」

注解

1 田中奏摺：一位台灣出生的日本富商蔡智堪，聲稱抄錄了「東方會議」的紀要文件，為日本內閣總理大臣田中義一（一八六四—一九二九）向天皇呈獻的祕密奏摺，提出了侵華計畫，內容提及「惟欲征服支那，必先征服滿蒙；惟欲征服世界，必先征服支那」。然而奏摺的原件一直沒有被找到，而被學者視為偽造。

貳拾貳　軍人的幽默與情操

二十四小時內，依照蔣介石先生的指令，所有政府官員必須離開牯嶺前往首都。我本想要多待幾天，但一想到情勢越來越嚴重，便決定立刻前往上海。

我搭著轎椅下山，回頭看看景色，還是一樣風景如畫。這座山林木茂密，外圍還覆上一層雲霧，顯得朦朦朧朧。山聳立在我頭頂上，宏偉莊嚴，冷冷靜靜，但我現在沒心情欣賞風景。我轉過去催促轎伕，請他們加快速度。到山腳時，我轉搭渡輪前往上海。

抵達上海市的時候，我發現日本軍艦集中停在黃浦江上，並增派部隊進駐「日佔區」，即受日本影響最劇的虹口地區。

此時上海情勢危急，每天都處於戰爭一觸即發的緊張氛圍。我家位在公共租界區，離事發中心有點遠，所以我在法租界區找了間公寓，方便投入眼前的工作——

募集資金、組織志工協助戰爭工作，並安排不同的建築作為醫院或庇難所。

我們所有在上海的人都知道日本很快會再安排「事變」，意味著正式進攻此地區，或許他們不會如此迂迴有禮，而是直接無預警地襲擊。城裡的政府機構絲毫不敢掉以輕心，包括上海虹橋軍用飛機場也嚴加戒備。蔣介石先生已預先派出最精良的部隊，這個受過良好訓練的新部隊，如後來所見，他們沒有先進的裝備，只有戰鬥者的能力與勇氣。

八月十三日，這天終於到了。一名日本海軍軍官與一名水兵在八月九日強行闖入上海虹橋軍用飛機場，遭中國守衛士兵反擊，日軍竟開槍擊斃機場守衛，最後他們也被其他中國守衛士兵槍殺。四十八小時內，日軍的三十艘軍艦湧入上海黃浦江，數千名步兵攻入上海市，他們在八月十三日發動攻擊，中國軍隊奮起反擊。

就現代戰爭而言，這場戰役的事發地或許是世上人口最稠密的地區。戰場就是上海，而且因為其特殊的格局，戰事由人口密集的市中心展開。

上海的中國區大致分成兩個部分，中間是公共租界區和隔壁的法租界區，公共租界區沿著黃浦江的一側，黃浦江接著被吳淞江分為兩部分。在吳淞江的一側，與公共租界區的交界的那側，正是之前提過的日佔區，經過幾個星期，這裡已經為了軍事準備，而呈現擁擠忙碌的景象。敵軍就在我們眼前輸送人力與物資至此區，而且完全不受約束。

等到日軍開始攻擊，數千名中國難民湧入相對安全的公共租界區。聽著門外的廣播，群眾們不斷往裡面擠，然而，我們還是得保護他們並供應食物，而這還得看外面部隊的戰況而定。

軍隊請求協助時，上海居民的反應也值得肯定。即使他們自己也身陷困境，但若軍隊需要貨車、司機、食物等，不須詢問，人民多半會自願幫忙。中國部隊強力反擊，成績顯著。

日本決定拿下上海時，顯然以為只需耗費數天，結果根本是誇大其辭。但事實上，單純從戰略角度來看亦不無可能，因為雖然中國部隊訓練有素、精良結實，但僅有過時武器，輕型裝備，資源甚少。

我們只有為數不多的空軍戰機，沒有海軍，然而日本卻什麼都有，此外他們還有享有豁免權的安全基地，隨時能撤退、重組、運補援軍。

但是我們的部隊卻奮力抵擋、反擊。原本預估幾天的戰事，延長成幾週、幾個月，讓敵軍損失慘重。或許就是這時候，日本首次大幅修改其最高指揮計畫——征服世界。除此之外，日本又碰上其他挫敗，不久之後即發生珍珠港事變。

雖然我的新家位於法國租界區，和真正戰火延燒之地還有段距離，但其實上海沒有一個地方是真正安全的。我們總能清楚聽見槍戰聲響，震動常常使玻璃窗碎落一地。從二樓高的地方，我看見一柱柱的黑煙和火舌往天空竄升。夜晚烽火連天宛如白晝。

受傷者、殘障者、無家可歸者，全都湧入我們的區域。幾天之後，我已經不記得和平時的上海是什麼模樣了——我感覺自己彷彿一直住在血泊、爆炸和悲傷之中。但偶爾也會有歡欣鼓舞的時刻，讓我們能繼續堅持下去。有一天，中國戰機劃過天空，朝著江上的日本軍艦投擲炸彈。居民們看見這景象，聽見炸彈正中目標的聲音，立刻跑到外頭，即使身陷危險，大家依然高興地歡呼、大聲鼓掌叫好。

即便你只是個平民百姓，沒有實際作戰，即使因為戰爭工作忙得不可開交，只要看見我方戰機或我方士兵的槍瞄準目標，利落且徹底地摧毀敵人，就會產生一種不可思議的淨化作用。

客觀來說，你可能知道這行動微不足道，戰爭只會不斷逼近，但你仍然能從中獲得另一種樂趣，雖然你無法直接攻打敵人，但這確實給了你繼續奮鬥下去的力量與勇氣。

看著中國部隊極力抵抗，以及每位士兵堅忍不拔的過人意志，就算是在如此混亂的年代裡，我都不禁猜想現代中國士兵的心智與態度，結論是，我認為他們每個人潛意識裡都覺得自己能為國犧牲。並不需要太多言語說明，這是種與生俱來的態度，但這種態度與日本的狂熱執著是不同的。

我們中國人本質上是負責任的人，個性中最為人樂道的是幽默感，正因為如此性情，執著狂熱並不存在我們內心。

另一方面，我們犧牲的精神是因為意識到個人利益與中國未來相比，可說微不足道，此外亦是出於深刻的愛國情操。幾個世紀以來，中國屢遭入侵，生活困苦，但中國人體認到中國不能亡。今日的中國人更正面，對新中國秉持熱情的信念，因此中國人民覺醒、積極，拋開消極，取而代之的是愛國主義的心態。一個人因此死去，或許很可惜，但中國——新中國——卻能因此而活下來，所以某種程度而言，他並沒有死去。

設想一名普通士兵有如此情操是很大的賭注，敢如此肯定，是因為我常看見他們不經意的小動作，流露出潛意識的想法。我自己過去也是出生入死，所以那或多或少也是我自己的想法。就像我暗殺財政部長那次，從天津到北京的火車上，我有兩、三個小時可以好好思考這個問題。其實我隨時都能放棄，保全自己。當時害怕恐懼的感覺不斷重擊我，但轉身離去從來不在我的考慮範圍。

淞滬會戰中還發生一件事，說明了中國士兵的另外兩項特質：第一，即使日軍裝備精良優越，他們仍然唾棄敵方；第二，無論何種情況下，中國士兵總是士氣高昂，冷靜面對。

那時候，上海有一群外國戰地記者，他們當然希望盡可能多獲得一些第一手戰爭消息。

首先他們請求日軍讓他們在前線後面觀看戰事。日本向來討厭並且害怕外國媒體，因此悍然拒絕這個請求。

然後，我們接到這個請求，便立即答應對方。部隊指揮官親自帶領記者們到前線戰壕，並向他們詳細解釋整個情況。記者們特別注意到當時似乎進入戰事平靜期，部隊指揮官據實回答，大部分的軍事行動都在晚上發動。一些中國士兵看著他們，聽得懂一點對話，知道客人們有點失望。

於是中國士兵們便自行策劃一個計謀，並向長官報告，長官也同意他們行動。

他們一個一個脫下兵帽，兵帽和刺刀疊在一起放在戰壕邊上，所以只看得見帽頂。很快地，日軍陣營便開火警告，打到那些帽子。我方士兵立刻把帽子拉下來，好像真的有人頭部中槍。

有幾分鐘時間，雙方陷入死寂，什麼聲音都沒有。接著一大群日本兵從他們的前線戰壕走出來，亦步亦趨地朝我方前線前進。中國士兵正襟危坐，不敢發出一點聲音。這時媒體代表才願意換到較安全的位置，他們也越來越緊張，中國士兵要他們別出聲。

敵軍一步一步逼近，我方士兵仍然文風不動。突然間，就在日軍距離我方只有幾公尺的時候，我方機關槍開始掃射，日軍如稻穗般被撂倒，少數幾個沒被打到的也倉皇奔回他們的陣營，驚恐害怕地大吼。我們的士兵高興雀躍，鬆了口氣，笑個不停，不只因為殲滅了敵軍的人數，重點是他們的詭計成功了。

淞滬會戰中，這類故事不勝枚舉，但其他的故事就沒有這麼有趣。其他像是有中國士兵自願把手榴彈綁在自己身上，從橋的高處一躍而下，藉此摧毀重要橋梁，但也等於把自己當作人體炸彈；還有士兵在夜裡爬進敵方陣營，掠奪或摧毀敵方的彈藥。

如果說中日戰爭帶給我們什麼啟發，那就是——即使武器不足，大抵上若夠勇敢、夠堅忍，也能贏得戰爭。有人說，滇緬公路是以希望和湯匙一點一滴徒手修築而成；也有人說，保衛中國的是彈弓和信念。

貳拾參 冒死穿越戰區

這段期間，我在公共租界區內發狂地賣力工作。當時正是夏季，上海法政學院建築處於閒置狀態，我立刻提議將建築改為緊急用途，於是在過去數千名中國學生排排坐著、學習中國與西方法律的地方，如今更改成醫院。

醫院實際的管理工作並非我個人的責任。我負責的是組織志工、發起募款活動、提出有利居民福祉的計畫。忙碌的生活超乎想像。回首過往，與相對寧靜的華盛頓生活相比，那段時日彷彿在接連不斷的工作中疾馳狂奔，模糊的記憶中，幾乎沒有時間吃飯或睡覺，忙碌不堪。事實上，我在上海待了很久，一直待到十月許多人都走了，那時戰爭已經進入第三個月。

有一天——非常糟糕的一天，那天晚上，我走到外面花園，在月光下散步一會兒，同時好好理清自己的想法。我很沮喪，戰況非常糟糕，我知道上海遲早會淪陷，而且我們沒有太多時間。未來看起來十分灰暗，我無法清楚看見勝利與和平到來的日子，卻可以想像大規模的毀滅、苦難、屠殺，然後日本軍隊才會被逐出中國。我想到當我還是個小女孩時，對中國懷抱什麼樣的希望，那時壓根兒沒想過希望會被日本軍阻撓，而且現在還不知道何時才能停止。想到這裡我幾乎忍無可忍，通常在這種時候，我的思緒就會回到丈夫身上。突然間，我感覺自己必須見他一面，他是支撐我繼續努力的理由，這時我想起，再過兩天就是他的生日，於是我決定去南京找他。

如同往常，只要有一股衝勁，我就會積極行動。沒有什麼能阻擋我，我一定會即知即行。

我的好朋友、外交部長王寵惠的夫人也還留在上海，之前她總是堅持我得跟她一起走，她才要去找也身在南京工作的丈夫。她老早就希望我離開，也已經打包準備好等待了一段時間，因為她了解當我下定決心的時候，就得馬上動身。

因此，五分鐘之前我才灰心喪氣，現在又處於興奮期待的狀態。我馬上衝進屋內，趕緊叫我的女傭和司機老李出來。

老李已經跟著我們好長一段時間，無疑是位盡忠職守的司機，但他總是太愛和我們爭論，意見很多（是真的，中國的傭人一旦熟悉主人的脾性之後，就會這樣）。他念的書不多，也非絕頂聰明之類，但他的第六感準確得讓人懾服，在接下來的故事裡，你會知道我說的是什麼意思。他非常頑固，但由於我也是個固執的人，所以我們總是不斷爭吵。

之前，我習慣一有機會就開著車在上海附近兜風，暫緩緊張的心情，放鬆一下。老李總是想走同一條路，但我總是想嘗試新路線，結果就是老李還是得服從我。我們每次吵架都好像一場鬧劇。老李每次都會手足無措地說他不知道路，會迷失方向，這時他便會絕望地用拳頭敲打自己的額頭，來表示自己很慌亂。

每次他這樣做的時候，我都會對他大吼：「你這樣讓我也很緊張！快住手！趕緊想想我們在哪裡。」

老李會生氣地說：「我們不該走這條路的。我早就說過會迷路了。」他會再轉個彎，繼續迷路，然後整個過程再重複一遍。

那天傍晚他到我房間時，我直截了當問他，能不能夜裡上路，天亮前抵達南京。他眨眨眼，很懷疑的樣子，但我不想給他太多時間想反對意見，於是便開始急切地說話。突然他放棄了，他說如果馬上出發，也許能在早餐前到達南京。那時候是晚上八點三十分。他知道如果今天我的提議失敗，這幾天內我也會堅持要走。而他又覺得今晚可能是最佳時機，因為今晚的月亮很亮，在不能使用車燈的情況下，這確實是對我們很有利的條件。

我們在十五分鐘內出發，旅隊包括了王夫人的車和我的車，同行的有我的女傭、家僕，老李負責開車。

我們一行人精神抖擻地離開這個城市。離開這個無望的城市讓我們覺得鬆了一口氣，我們很興奮，期盼能見到丈夫，但很快我們就遇上麻煩——第一條路無法通行，連接河兩端的大橋已經被摧毀。我們試了其他的路，卻一次又一次地此路不通，離不開上海，每次都得掉頭。這時我們已經繞來繞去，繞到戰區裡了，在這可怕又明亮的光線下，敵軍能清楚看見我們。最後我們轉進一條小路，看起來是條可以通行的路，我們繼續前進。

我們沿著路又開了一會兒，這時突然聽見敵軍戰機從頭頂上飛過。我憂心忡忡地想起，這條路上曾經發生過機關槍掃射座車的故事，就連外國人也難保安全。前幾天，英國大使開車前往南京，雖然他的車已經漆上英國國旗，但他還是在路上受了傷。

老李趕緊停車，我們隨即下車跑到山邊附近的一處田野空地，那裡有處墓園，我們趴倒在地，臉龐朝下，豆大的汗珠滴下來。

此時此刻，我的心彷彿遠離我的身，那感覺十分詭異。我還記得自己幽默地想著，這還真是等待死亡的最佳地點，我甚至心不在焉地讀著就在眼前墓碑上的銘文，邊想著自己的墓誌銘要寫些什麼，這時鼻子旁有根草上頭走來走去的螞蟻分散了我的注意力。

敵軍戰機的嗡嗡聲漸漸消失，幾分鐘後他們就離開了，我們毫髮無傷，於是站起來，心情惡劣地走回車上。這時候，一陣濃厚的雲霧從路旁的稻田升起，我們繼續前進，但情況比剛才艱難。一輪明月仍然高掛在上，但是那亮度不足以穿透我們周圍升起的煙霧。此外，現在道路的兩邊都有壕溝。接下來整個晚上，我和老李一起熬夜，努力在這片雲霧下看個清楚，同時慢慢龜速前進。

終於亮一點了，我們發現已經靠近一個城市，但不是期待的南京。我們在大霧裡迷路了，抵達的是南邊幾公里的蘇州，但這終究是個城鎮，而且我們都累了，由於倒臥在墓園，我們全身上下都髒兮兮的。我們在城裡最大的飯店前停下來，入內之後，隨便清洗一下，正當我們要喝杯茶休息一下的時候，飯店的人趕緊跑上來，要我們立刻離開。他們說，過幾分鐘後可能又有一波空襲，我有點猶豫，但對方又說，昨天敵方已經發動十二波空襲行動，我明白敵軍打算包圍並徹底摧毀這座城市。如果現在不離開，我們可能就沒機會了。因此即使又累又餓，我們還是繼續前進。不久之後，我們發現我們已進入了無錫的郊區，山丘上一座古塔的輪廓呈現在我們眼前。

忽然之間，老李停車——不過我並沒有要他停車——他整個人往椅子上靠，告訴大家，他想停下來休息一會兒。我回他說：「但是我們得盡快趕路才行。」

老李猶豫了半晌，用困惑的語氣說，他肯定是太累，真的沒辦法再開了，他只希望能坐著休息一下下。我明白告訴他，距離下個城鎮已經很近了，我們到那兒再好好休息，但他就是不動。

他的臉部表情糾結，困惑而頑固，然後他又開始像平常一樣重擊額頭，我真想拿手提包揮過去，這最後的挫折搞得我都快哭了。但就在我試著想辦法說服他時，我聽見一個聲音，然後我閉上嘴，驚訝地看著老李。

日軍戰機出現了，在右邊朝我們這邊的路上飛來，準備要轟炸那個城市。老李不可能聽見他們的聲音，就算聽見他也不知道那是什麼，我感覺他好像真的有第六感，暗地裡警告著他——他就像有千里眼般，或是冥冥之中有神在指引他。他和我一樣驚訝。

之後他說，他就是有一種感覺那時候應該停一下，雖然好幾個小時之前，他早就很累也想停下來休息。

有些在田地裡工作的人，走上前要我們下車，去安全的地方。我們跟著他們，到河邊一處隆起的高地上，那裡有座小寺廟，我們看著那座毫無防備的小鎮被炸掉，心裡覺得它們就像是為了讓敵軍摧毀而特別建造的設備。

這群工人的態度嚇到了我。他們對著軍機用力揮手，罵出他們想得到最不堪入耳的話，其中一個人轉向我，然後生氣地說：「他們不會永遠都這麼好過的，總有一天，我們的人會反擊，那天很快就來了！」

這時我更清楚意識到，中國終於覺醒了，在這場抗日戰爭中覺醒、團結。這些人知道他們打的是什麼樣的戰爭，他們有戰勝的心和意志。

三十分鐘過後，空襲結束，敵軍離去。我們回到車上，開車進城。進了城，老李的直覺更形清晰。假如沒在田野間停下，我們會到這家飯店，而現在這裡已經完全被摧毀。工作人員正在挖掘屍體，已知道的傷亡人數達幾百人。

震驚之餘，我們晃進一家小餐館，點了幾碗湯麵。吃了幾口之後我才漸漸恢復，並意識到自己有多餓，我大口快速喝完剩下的湯，這比我以前吃過任何精緻的料理都要美味。之後，我們沿著將會經過常州村落的那條路繼續前進。

再一次，我們靠近這個村落時，敵軍戰機朝我們飛過來，盤旋著，這次它們飛得很低，顯然準備低空掃射路面上的汽車。老李停下來，要我跑進田野裡，臥倒地面。

由於我一直戴著深色眼鏡，而且已經持續睜眼超過十二個小時，加上沒有睡覺，肯定是因為這樣，我的雙眼短暫失明。總而言之，我把頭埋進灌溉溝渠，躺在那，震驚了好幾分鐘，我就在距離目標顯著的車子不到幾公尺的地方。我的手提包，裡頭有些離開上海前塞進去的貴重物品，都掉在距離我幾公尺的地方，散落在泥土地上。

過了半晌，溝渠的冷水讓我恢復了過來，我爬出去，用我的肚子撐著，爬過田野，躲到一處樹叢的庇蔭下。我的心怦怦怦地跳著，口乾舌燥，因為轟炸的關係我的頭很痛。奇怪的是，我記得當時的感覺已經不那麼害怕，反而是憤怒。在第三次下車的時候，我氣得火冒三丈，後來我必須匍匐前進的時候也是徹底惱羞成怒，因為我氣自己無法爬得更快。

戰機越來越靠近，距離大約只有四百公尺。我知道那會是什麼感覺，就像一隻老鷹突然向下俯衝，獵殺小雞，但我還是走到了一棵樹旁邊。深色衣服在陰影下彷彿是層保護色，我可以轉過身，抬頭觀看敵方戰機。我對這些戰機太好奇了，所有的恐懼感因而消失。然後，我感覺自己像馬戲團的觀眾一樣，雀躍但也緊張害怕。其中一架戰機飛得好低，不斷地盤旋尋找我們，我甚至能看清楚飛官的臉，一個太陽的圖樣就畫在機身上。轉個幾分鐘之後，他們就離開了，沒有對我們開火。可能是找不到我們，或者是結束常州村落空襲後彈盡援絕了。

我看著他們消失在地平線上，就在這時，我聽見身後傳來更多架飛機的聲音。我心想：「喔，不──別又來了。」但是當我抬頭，視線穿過庇蔭的樹，看見的是中國空軍戰機，他們正加緊追上突襲的敵軍。

經過這一連串事件，最後剩下來的路程竟然什麼事也沒發生，相較之下，就顯得平淡無奇。然後夜晚降臨時，我們不敢相信自己終於抵達南京。

我的丈夫和王寵惠博士起先覺得不可思議，然後想到這瘋狂穿越戰區的行為，他們就開始生氣，但是能見到魏博士，我真的太開心了，所以心情還是很好。我說這一路上簡直就像一場鬧劇——躲在墓園、匍匐前行、臉貼著泥巴地等——我邊說邊演，唱作俱佳，笑到我無法說話。最後我倒在床上，睡了將近十個小時，整個晚上我又在夢裡走過一遭——名副其實是個萬花筒的夢，我不停奔跑、跌倒、在霧裡、又碰到爆炸，還有日本飛官令人生厭的臉。

貳拾肆 轟炸南京

接下來那天，我去拜訪總司令蔣介石先生與蔣夫人。政府成立國民政府軍事委員會，蔣介石先生任委員長，戰爭期間擁有指揮作戰之最高權力。另外，蔣介石先生亦兼任軍隊總司令，公務繁重。相較於其他任相似職位者，蔣介石先生肩膀上的責任與負擔可說是日益加重。然而，拜訪蔣介石先生時，令我印象深刻的是，他看起來十分鎮定、從容不迫、充滿幹勁，人們禁不住會被他的樂觀所影響。他從不描繪不切實際的空中樓閣，也不至於信心滿滿輕視眼前的困難。不過，他似乎滿肯定日本最終會投降，他腦中彷彿有個確切的時間表，已經決定他會在什麼時候、什麼地方，用什麼方式結束這場戰爭。

這時擔任航空委員會祕書長的蔣介石夫人，努力建立中國空軍部隊。戰爭爆發初期，我們的空軍無論在戰力或是數量上均與日軍相差懸殊。而在蔣夫人熱心協助下，空軍的發展成果日益明顯。

自從廬山會議之後，我已很久沒見過蔣夫人了，所以再次見面，我的心情很雀躍。面對敵軍的突襲行動，她表現出的反應令我驚訝。敵軍戰機轟炸城市時，蔣夫人總是拒絕入內躲避。無論在庭院或在哪兒，她都會來回踱步觀看空中激戰。只要看見日本戰機被中國空軍擊落，她就會克制不住欣喜之情，大聲歡呼鼓舞，並用力向飛官揮手致意。

南京所有人，上自政府官員，下至工人農夫，每個人都士氣高昂。人民自願組成軍隊，在委任軍官的指揮下認真操練。每個人至少負責三、四種防衛任務，士兵與平民合作無間，團結力量令人欽佩，即使是年邁的農夫，也重新燃起愛國情操。我的朋友有個老僕人，名叫王福，年約六十多歲，唯一的兒子在鄉下種田，已經結婚，育有五個孩子。但老僕人實在氣不過，恨透日本鬼子，所以他寫了封信給兒子，要他放下一切到首都從軍報國。

年輕的兒子來了以後，王福對他說：「我年紀太大，軍隊不會收我。但我就是嚥不下這口氣，不願鄉里鄰居和晚輩子孫們讓人蹂躪。你一定要從軍，我會替你照顧家裡大小，戰爭結束後再全家團圓，我祈求神明保你平安無事。但假如你在行動時為國捐軀，我只有一個要求：殺多少算多少，奮戰到最後，只要你還看得見，就別停止戰鬥。」

另一個有關日軍轟炸南京的故事證明，中國知識分子、富裕階級和那位王姓老僕人的想法如出一轍。

一位大學畢業、聰明漂亮的年輕女子，嫁給一名年輕的空軍飛官，他們倆感情深厚。戰爭爆發時，他們在南京，蜜月也因為男子必須投入軍隊而中斷，他屬於負責防衛城市的戰機中隊。由於我們的防空部隊在許多方面都不足，且無法在晚上執行任務，所以我們仰賴戰鬥部隊負責防衛工作。每天晚上，只要有突襲行動，年輕的妻子就會倚在窗邊，不屑進屋躲避的她，會在外觀看空中戰鬥情況，她知道其中一架戰機是丈夫駕駛的。要分辨中國和日本戰機已經很難，更別說要看出她丈夫的戰機是哪一架。所以，只要戰機墜毀，她知道可能就是丈夫，她一次又一次地想像寡婦的生活。許多朋友告訴她不該看這種場面，太可怕了。他們無法想像她怎能承受這巨大的傷痛。她的回答是，每次開始作戰，她都會徹底放棄希望。觀看戰況時，也不允許自己祈禱他會活著回來，想都不能想。她只能祈求他在任務中死去，因為這樣一來，他就能永遠活在她心中。她的丈夫在許多次戰役中活下來，也逼退大批敵軍戰機，但最後仍然被射下。不巧的是，女子在窗前觀看的某晚，他的飛機是唯一一架被看見擊落的戰機。幾個小時過後，有人來通知她，她的丈夫已經身亡，她靜靜地說，這個消息早就不是新聞，她看見了戰機墜落，直覺就認為是自己的丈夫。她已鎮定地做好未來計畫，準備為國服務。

戰爭之前，我們第一次搬到南京定居，那時南京已經滿現代化了。身為市長，魏博士肩負開發城市的責任。過去狹窄的街弄巷道，現在成了寬敞的大型幹線通道。政府也為各部會興建美麗的建築，住宅區逐漸擴大，足以容納蜂擁至此地工作的人們。

抗戰之前，南京市中最出色的景點是紀念革命之父孫中山先生的中山陵，陵墓建造於南京舊城牆外，紫金山附近。美麗莊嚴的聖陵坐落在廣大寬敞的花園之中，園內特別種植來自中國各地的樹木、灌木叢，以及花卉。

孫中山先生的追隨者能在園內出租或是建造房舍，這個區域分成兩部分——東村和西村，魏博士在西村的山頂上建造一座小平房，用來休息、放鬆。

戰爭前的歲月美麗而明朗，每次我們駕車出遊，出中山陵後，總會看見外頭沿途垂柳，以及盛開的櫻花和桃樹。每天下午辦公室關門後，城裡的男女會出來享受一下新鮮空氣，和朋友們相聚。我上次這樣做是在一個風光明媚的春天，那時有許多朋友環繞身邊，好不快樂。基於這樣的回憶，王夫人和我決定再次造訪園中我們最愛的地方。我們需要一些改變，遠離經歷過的那些痛苦。

我們離開城市，人跡越來越少，最後只剩下我們兩人，但是中山陵花園已經不若以往，冷颼颼的風吹拂著，樹木也光禿禿的，花園已經一片荒蕪，空空如也，只剩下偽裝用的高射炮，和偶爾載著士兵來回的卡車（因為此處的衛兵還得輪班）。園裡的小屋和平房都已關上門，哨兵巡邏走過整條路。

雖然我們曾住在被敵軍包圍的上海，也曾一起穿越戰爭區，克服重重危險來到南京。但是走過這座死寂的林園，看見滿滿的軍事設備，我們更敏感地體會到戰爭的悲傷，以及戰爭如何滲入我們的國家。回家之後，我們靜默不語，幾乎是無法承受的難過。我們都覺得，與其在外面這片寂靜的墓地，還不如待在不斷遭到空襲轟炸、混亂得令人感到絕望的城市裡。

平民和非軍事目標不斷遭到轟炸。政府向日方表達抗議，但日方的回應是一概否認。比方說，如果醫院遭轟炸，他們會說瞄準的目標是附近軍校的空軍基地。但很顯然的，這麼差勁的槍法絕非意外。我們知道日軍集中火力攻擊非作戰單位，目的是想削弱中國的士氣。但當時的外國人尚未習慣日軍的野蠻，還需要一些時間他們才會相信。

某天，一群新聞記者決定拍攝南京轟炸的實景照片，開始尋找適合放置攝影機的安全地點，於是選定市中心某醫院其中一幢建築的屋頂。醫院附近的軍事目標都已經被摧毀，所以他們覺得應該滿安全的，但日軍突襲時，炸彈並沒有降落在先前預告、幾個街區外的目標，反而是落在鄰近醫院的屋頂。外國記者堅守工作崗位，努力拍下轟炸醫院時的照片，成果非凡，他們拍到炸彈落下、建築物倒塌的瞬間，還有死者特寫與垂死病患的照片。

這是由外國記者所做的紀錄，其立場公正，對全世界而言，這些資料的珍貴性是無法估計的，顯現出日本人的瘋狂與殘忍。這些照片鐵證如山，讓日本人無法否認他們的惡行。

起先我們對日本公報感到很失望，但也很快就知道不能相信日本人。我還記得有一天，敵軍的轟炸機攻過來，我軍十五架戰機從南京的空軍基地起飛，準備攔截敵軍。我軍射下幾架敵軍戰機，大部分人也都安全返航。那天晚上，日軍宣布在南京的突襲行動中，有三十五架中國戰機被摧毀。這個消息一傳進城裡，見證整個過程的路透社記者便立刻發送越洋電報回家鄉的辦公室，他說就他所知，那天中國方面派出的戰機不到十五架，且大部分的戰機皆安全返航。我們推測此舉是日軍計謀，目的在誤導全世界，要大家相信這場戰爭中國沒有絲毫勝算；另一種可能是：那些消息只是給家鄉的人看的。

幾個星期的連續攻擊後，魏博士與王博士決定，王夫人和我必須搬至漢口以西更遠的地方。他們說，如果每天還要擔心我們，根本就沒辦法好好工作，此時此刻，我們能幫的最大忙就是：離開這座城市，減少他們精神上的負擔。我完全不想離開，想到獨留丈夫一人在南京，就覺得很沮喪，過去九個月我們太常分隔兩地，而且也和我——一個革命家的生涯不一致。

戰爭期間，魏博士擔任行政院祕書長，平常行動相當局限，我只有在晚餐時間才能見到他，每天晚上我不斷祈禱再祈禱，他會有什麼好消息，准我留下。但我很快發現，無論他的行為舉止多樂觀，消息仍持續惡化，我若死賴著不走，對他而言只是沉重的壓力。

日本軍從上海出發，經鐵路或高速公路，朝南京進攻，我發現自己留著完全沒用，只能選擇離開。在我們所有分離的經驗之中，這一次是最讓人難過的，不只是因為丈夫身陷危險，也是因為中國的未來似乎很絕望。魏博士帶我到碼頭搭船前往漢口，我傷心到無法言喻，不顧顏面地大哭。我拚命抓緊魏博士向他哭訴，他拍著我的肩膀並安慰我。

最後他說：「我告訴你一件很多人都還不知道的事，可能會出乎你意料之外。總司令認為戰爭情勢在我們的掌握之中。計畫是以空間換取時間，我們政府會往西遷移，把敵人拉開，遠離後勤補給線。在內陸山區，我們可以讓戰爭持續好幾年，必要的話，中國會有個新首都，我們會在那裡繼續工作。」

聽見這些我覺得好多了。現在我對整個情勢全然改觀，我們對未來是有計畫的，並且有努力工作的目標。我又能再度打起精神，上船時，我不再哭哭啼啼，而是大聲且開心地說著：「親愛的，再見，加油！我們很快會再相見！」

貳拾伍

日、德的詭計

我們往長江上游前進至漢口，沿途的景色賞心悅目。許多地方寬及數公里，河川流經中國的心臟地帶，景色無與倫比。長江以北，肥沃的農地平原向外延伸至視野不及的遠方。然而長江以南景致截然不同，山勢驟下連接江邊，峭壁荒涼，山丘青翠鬱綠，就像古典中國畫裡的山景。

第一天晚上，我站在輪船的欄杆旁，看著山後的太陽漸漸隱沒，光線褪去，映在不透明而混濁的河面上，長江像道金色水流。這時候我看見附近的山丘上，有位農夫荷著鋤具，舉步維艱地往下走。

沿著他走去的方向，我看見一間小農舍，煙囪上炊煙裊裊，農夫回到家時，晚餐已經為他準備好。

眼前是一片異常和平的景象，燒殺擄掠的戰事彷彿離我遙遠。眼前如此恬靜的景象有其堅定不移、永恆的意義，讓我從不同的視角看待戰爭與人類各式各樣的瘋狂，難過的是這正是我需要的。我轉過頭，想和另一個人討論想法時，發現船上沒有人看見我所看到的畫面。所有旅客聚在一起，熱烈地討論戰爭期間各自的經歷。但這位農夫結束整日的工作之後，心平氣和地回家吃晚飯，過著遺世獨立的生活。但是，我想這個時候沒必要說明這景象的寓意。我覺得這本身可說是戰爭帶來的其中一種罪過吧——人們已經忘卻去欣賞周遭簡單事物所承載的美好與意義，也就無法平衡自己的思緒。

第三天我們抵達漢口，這是個歷史悠久，經濟、戰略位置皆重要的城市，也是一九一一年革命誕生之地。自那時起，漢口便成為中國最重要的工業城市之一，大型鋼鐵與軍用品工廠均設於此。長江流過此城，是此區的交通動脈，東邊連接上海，往西可到重慶；這裡也是鐵路主要的交會點，往北可到北京，往南可至廣州及香港。漢口可謂當時重要的交通樞紐。

我發現鎮上的難民區規模比其他地方大，數千名難民被迫遠走他鄉，他們失去年輕有能力的親人，跟著陰鬱、緩慢的隊伍往西，以求安全。然而，此時中國的士兵正反其道而行，往前線去，對抗敵軍，保護人民。

抵達不久之後，我碰見一位朋友，她比我早幾個星期從南京疏散來此。這個女士是我在巴黎的同學，後來嫁給法務部官員，夫婦倆辛苦工作，存了幾年的錢，在南京打造了夢想中的家。我常拜訪他們，享受他們的熱情款待，欣賞房舍周圍的美麗庭園。但現在我幾乎認不出她了，雖然和我同年，但她看起來至少有五十歲。她滿頭白髮，臉上多了皺紋，臉色黯淡。

我們緩緩談了好一會兒，我問她是什麼打擊令她改變甚巨。她告訴我被迫離開家園使得他們必須放棄所有，離開心愛的一切，可那都是他們努力打拚多年的結果，這些事情差點就讓她崩潰。她感覺自己年歲已大，很難重新來過，於是委靡不振、了無生氣。

聽著她的字字句句，我明白這就是一個人灰心喪志、無力求存的模樣。人若是缺乏求生意志，就好比一個無生命的物件，任由微不足道的厄運所擺布。

對某些人而言，家園雖然美好，但並非無可挽回的損失；但對另一些人而言，這樣的悲劇等於終結他們的生命，因為家象徵著重要的一切。

我感覺自己必須有所行動，解救這個女人，不能讓她繼續痛苦。不只因為她是我朋友，也因為這種心態會像疾病一樣散播開來，她會成為不良的範例，可能會帶給漢口難民失敗主義的想法。我捲起袖子，好似準備開講。我積極地讓她明白，除了房子和庭院，她並沒有失去什麼無可取代的東西——她和最愛的先生都還活著，還在一起，毫髮無傷，他們都還有未來——只是過去那些舒適的生活不再而已，他們還擁有工具與能力，可以重建過去所擁有的。

這類談話對我來說也很有幫助。有時候我想到上海和南京那些房子、家產，也會令人覺得鬱悶。有些財產我留在上海的銀行，但是大多數的家當和財產都原封不動地留在南京的家。我隨身只帶了衣服和一些珠寶。

後來，丈夫到漢口與我相聚時，我發現他把所有家當都留在南京。他說看見好多人受苦受難，身邊所見盡是失去生命之人，所以沒有心思打包我們的珠寶首飾、精美瓷器、畫作刺繡等。一群群難民源源不絕地經過他的面前，他們的所有財產就在一個小包袱裡，他覺得自己很幸運，能留下所有家當。

我們的房子後來由一位自願留下的僕人負責看管。隨著日軍越來越接近城裡，僕人把所有體積不大的貴重物品都移走，埋在房子四周圍的土地。之後他心生惶恐，他知道日本人來時會逼問他貴重物品的下落，如果他說了，我們就會失去所有；如果他不說，他會被殺害。所以，這時候的他展現出超越以往的聰明才智（這個男生雖然個性很好，但不是十分聰明），他寫了封信，說明自己是魏道明博士的僕人，帶著那份文件，來到南京城門前，請求守衛將那封信交給當時城裡的司令長官，他和我們私交甚篤，是很好的朋友。將軍派助手指認這名僕人，接著我們的僕人就被疏散，安全抵達重慶，他和我們相聚，並說明如何處置我們的家產。

相關的公正單位與見證者巨細靡遺地描述了南京的劫難。這或許是歷史上手段最兇殘、瘋狂的屠殺事件。日軍瘋狂亂殺，可是他們的官員卻不曾盡一點力去阻止軍人的行為，數以萬計的中國人民全數被殺。情緒狂熱的日本人徹底破壞所有政府機關建築，有錢人和窮人的家先遭洗劫，再放火燒毀。試圖替中國人求情、保護中國人的外國人士也遭到不當對待。

在這場毫無節制、充滿恨意的暴行中，美國炮艦潘萊號沉沒，英國皇家船艦瓢蟲號、蜜蜂號、聖甲蟲號以及蟋蟀號也遭到攻擊，成了這場瘋狂屠殺中的插曲。上述船艦對日軍耳熟能詳，也插了該國旗幟，而且在沒有任何挑釁作為的情況下，這些船隻皆遭到攻擊。

起初這種恐懼會嚇壞人，接下來，人們會努力尋找能解釋這些所謂「人類行為」背後的理由。這不只是戰爭和伴隨而來的殘忍，我的結論是：日本士兵這種精神上病態殘忍的行為，直接反映一個簡單的事實：日本人只是戴著現代化的面具，骨子裡仍為不文明的野蠻人，加上天生自卑感作祟，我猜想是這些因素讓他們殘忍至此。

日本人生性好逞兇鬥狠，第一是因為日本整體的文化藝術及所有一切皆學習中國；其次是日本人民在國際上總無法贏得太多尊重。外國人與中國人都下意識地視他們為聰明的猿人，擅長模仿但不值得信任，也不被視為有文明的人類。

日本征服中國的計畫，原本是設想很快就能擊倒中國，或是讓中國求和。接著日本軍隊就能離開，繼續征服世界。中國最高指揮單位深知這點，因此中國主要的希望似乎是引誘日本進入一場耗損的延長戰，如此日軍才會失敗。也就是說，引導他們至內地，一城一城地攻打，分散日軍戰力，拉長補給線，逼著他們在廣大的範圍作戰，無從做出果斷的戰略行動。

日軍好一段時間都沒有識破中國的想法，所以接近南京城時，他們便以為戰爭很快就要結束，畢竟南京在中國人的心中，有其特殊意義，是古今的首都。他們認為南京之於中國，就像巴黎之於法國、倫敦之於英國。因此在攻佔南京前，日方便釋出和平的試探。在武漢會戰的氛圍下，德國大使在希特勒指令下，試探和平調停的可能性。

德國駐華大使陶德曼（Oskar Trautemann）待在中國很久了，是個非常友善的人。消息迅速傳遍漢口，所以我知道陶德曼正搭著特派船，到前線視察，並與總司令蔣介石先生談話。

後來有人告訴我，他試圖調停中國與日本的戰事。那時我們都納悶，為何德國人要蹚這渾水。但是很快地，日本和德國結盟便成為事實，所以調停之舉，不過是數年來的精心策劃。四年後的珍珠港事變，讓全世界的人都看得更清楚了（在馬尼拉被擊落的德國戰鬥機，便是日本的零式艦上戰鬥機）。

陶德曼的說辭十分狡猾：他對中國說，如果在第一次世界大戰中，德國盡早讓和平降臨，他們的命運就不會如此乖舛，凡爾賽和約亦不會如此嚴苛。他說，如果中國在此刻求和，對全中國來說是好事，也能減少苦難。

蔣介石先生接見陶德曼的時候，面對此和平提議，則給對方極其簡單的答覆。根據回報消息，蔣介石先生只說了一句話：他樂於和日本共商和平事宜，但只在日軍全數撤出中國之時。在此之前，中國不考慮談和。

所以，中日戰爭持續，一點都沒減緩。南京淪陷沒有使我們停止戰鬥、投降求和，一切皆出乎日軍意料之外。日軍不了解的是，對中國人而言，政府在哪，中國的首都就在哪。後來重慶成了戰爭時期的首都及總部，我們將會努力作戰，直到最後同盟國獲得勝利。

貳拾陸　全國女性總動員

一九三八年五月政府從南京疏散後，蔣介石夫人有個想法，她想召開女性的談話會，藉此動員全中國女性，為戰爭奉獻一己之力，這在當時是前所未有的創舉。迄今為止，少數女性代表曾經參與政府會議，但全國女性代表尚未在任何特殊場合齊聚一堂。這場談話會的地點就選在距離漢口只有一晚路程的廬山。

我永遠忘不了會議的第一天，在廬山上的大型圖書館，中國女性代表齊聚大禮堂，參與開幕式。除各省一般代表，所有重要女性領導者都受邀參與——作家、機構領袖、職業女性、政府官員，以及學生代表等。長久以來，我已經習慣大型的官員聚會或政治會議，但這場談話會有其特殊性，令人印象深刻。

開幕儀式結束後，蔣介石夫人對我們發表演說。開始時她說，身為中國女性的我們，一直都很努力工作，但現在我們應朝新的方向努力，若想贏得戰爭，就得夙夜匪懈。

她說：「今日聚集在此的我們，是所謂中國女性的智慧領導者。每個人受邀參與這場會議，是因為我們有過明確的貢獻去達成最終目標。因此，我們身負重任，必須帶領社會上各個階層的女性前進。」

她繼續說：「全世界對於我方軍隊的勇氣，以及我們建立的團結力量，感到欽佩不已。但同時，世界也對我們感到好奇，這樣的團結是否能在困境中繼續堅持，直到和平降臨。如果無法持續、擴大，那我們注定會失敗。

「我們首要任務與每個人切身相關。我們必須先開發自身能力、了解自己，這是必要的先決條件，之後才能廣泛了解與合作。我們必須了解的是，努力工作、團結一致是最重要的。現在戰時的中國必須為和平做準備，而無論是在戰爭或在和平時，中國的女性都必須帶著大家前進。」

接著會議便開放讓我們討論各自所面臨的問題。會議順利進行，我驚愕地說不出話來。來自政府、各省或是勞工階級的女性代表回報並提出問題，她們的智慧與能力令我驚豔。以前，我只比個孩子大一點、開始在北京參與革命行動的時候，就是個熱心的女性主義者。現在，我發現夢想終於在眼前成真，女性終於能在攸關國家命運的事務上扮演要角。聽著她們說話，我明白中國改變了多少。她們的消息靈通，態度泰然自若、個性成熟，同時她們充滿人道精神和勇氣。我們彷彿以二十年的時間，完成了兩個世紀的社會發展。

每當人們進入一個開發較慢的國家時（也就是數千年來過著一成不變的生活方式），總會用失望的角度去看待他們的未來，認為其現代化的過程如同其他國家的一樣，會是以緩慢的速度演進。但是在廬山的會議上，我發現這個理論是可以被反駁的。只要有動機、有榜樣、有領導者，人們就能在一夜間成長，跨越時代。

那時在廬山的日子，許多小團體集合討論，研究各省所面臨的某些問題，我參與了許多這種會議。會議第一個星期，白天聽見的事情不斷在我內心縈繞著，滿腦子充斥著計畫和新想法，讓我每晚都無法入眠。事實上，我在廬山時，每晚都只睡幾個小時。失眠並非工作量的緣故，因為我在計畫裡的任務並不困難，而是單純地由於過度興奮所致。對於周遭發生的所有事，我都感覺很開心並期待著，所以本來的睡眠時間，都用在追趕那些未來的狂熱的夢想上。

傍晚結束整天的工作後，我們會私下以小團體的形式進行討論，很多事情都是藉由這種小型聚會完成，這種聚會比較不那麼嚴謹、呆板。即使意見不合，甚或爭吵，通常也很快就能達成共識，而且代表們因此都有機會拓展人脈。

在廬山談話會上，其中一個重要的階段性工作計畫，是討論後方的各種行動。女性進入前線後方地區，將戰爭下的孤兒安排到安全之地及收養家庭、為士兵寫信和協助照料受傷的人。此外，由於戰爭期間多少有些暫緩期，她們也組織一種制度，讓士兵幫助該區域的農夫耕種；反過來，當敵軍活動又開始時，農夫亦會協助軍人。戰爭的救濟物資、糧食與庇護工作、孤兒照護、年輕與年長者的教育，所有問題都在廬山的談話會中完成。「新生活運動促進總會婦女工作指導委員會」因而成立，透過這個特別組織，女性活動得以發揮效用。會議上選出了委員會成員，蔣介石夫人擔任主席，監督我們所有女性的戰爭工作。

廬山上那座圖書館是巨大的建築，很容易成為日軍轟炸機的目標。敵軍當然知道有重要的會議在此地舉行，因此廬山山區很常被突襲。但我們很幸運，這裡總是雲霧繚繞，把攻擊目標藏得好好的。

第一天空襲警報響起時，我環顧四周，以為大家會跑到躲避的地方，或至少表現出擔心的樣子，但似乎沒人察覺到警報聲，她們繼續談話，彷彿什麼事也沒有發生。多數代表都曾生活在遭日軍攻擊的大城市，理應很清楚情況有多危險。唯一合理的解釋是：她們忙著工作，志氣高昂，沒有注意到警報聲響。她們的精神具有感染力——我也表現得若無其事，好似頭上再怎麼危險，也不過是成群移動的蜜蜂。

也許是某種神祕力量，代表們的反應似乎對頭頂上的敵軍戰機具有影響力。無論如何，我們在那裡時，沒有發生什麼嚴重傷亡。但幾天過後，大家都離開了，這座圖書館便遭日軍轟炸，被摧毀了一部分。

談話會到了尾聲，大部分代表都急切地想趕回家鄉，展開新計畫，許多人必須花上一個月才能返回位於內陸的家鄉。但是我決定多留幾天休息一下，整理自己的思緒。

某天下午，我走上圖書館，想和幾位還留在那裡的女士說再見。我經過一條橋，它跨越往山下的滾滾急流，我停下來觀賞小急流，著迷不已。河水急流拍打著岩石，毛毛雨開始輕輕落下，給人一種不切實際、遙遠的感覺。這裡有種哀傷的美，好像能聽見許多細碎的鈴聲，向所有曾聚集於此地的人道別。讓我不想走開，往圖書館去。我停在橋邊，看著那些女人走下山時愉快而熱情地暢談她們的計畫。大家經過我身邊的時候，我都依依不捨地向她們道別，當幾乎所有人都離開以後，我單獨站在那兒好一會兒——思緒茫然——忘了時間。我感傷地想著，要過多久我們才能再次齊聚這美麗的廬山呢？

過一會雨停了。微弱的陽光突破雲層，矇矇矓矓地落在湍急的溪流上。幾個在圖書館留到最後的工作人員走過來，發現我呆若木雞地站在原地。他們問：其他人都走了，為何我還在這？我哽咽地回答他們，我很傷心，因為不知何時大家才能再齊聚廬山。在他們還來不及回應的時候，忽然間我的心情有如風向計一樣轉變了。聽見自己的聲音之後，彷彿身上的電流再度啟動，然後我以全然不同的口吻說出以下一段話。

「不管怎樣，」我趁他們還沒來得及答話之前，乾脆地說，「沒什麼好擔心的，先想想自己的責任吧，我們以後還能在中國其他地方相聚，就像我們在這個地方一樣。無論如何，如果我們無法完成當前的工作，下一代也會努力達成，他們會聚在一起工作，計畫我們不知道的一個更美好的中國。」

我感覺輕鬆、平靜，悲傷已經隨著雲霧消散，對未來的希望讓我重新恢復元氣，回到我們的家。

貳拾柒 重慶的天空與地洞

一切如同總司令所預料的，戰場往西邊前進到長江溪谷。漢口已經被日軍佔領，但早在那之前，政府即以長江上游山區的重慶市作為政府所在地，井然有序、從容不迫地進行遷都工作。

一九三八年，我們往重慶推進，如同先前所提及的，我們發現重慶已是座忙碌的現代城市，與一九二〇年的景況相比差距甚大（人口從二十萬躍升至六十萬）。成千上萬的人搬至此地。在這個新首都裡陸續建立起學校、工廠、政府部會，以及其他企業。

重慶市是四川省省會，也是中國的大城之一，實際上也是指揮國家戰事的最佳地點。就農業條件與自然資源方面而言，這裡是全國最富饒的地區。過去我們通訊上常有困難，但現在解決了，因為幾乎所有領導者與人員都在西部。

此外，我們比過去更團結，發展出更令人欽佩的抗戰精神，戰爭情況和日本人預期的正好相反。

漢口淪陷之後，我們的軍隊制止了敵軍。地形的險要，讓我們得以在此運作，彌補了我們設備不足的缺點。日本滲透內陸的計畫失敗後即更改策略，著重對重慶實行有系統的密集轟炸，目的是摧毀中國人民的信心。可以說是毀滅性的空中戰爭，重慶也可能是歷史上遭到轟炸時間最長的城市。

敵軍認為，只要能摧毀整個城市，我們就會投降，但情勢肯定還是會讓他們大吃一驚。一週又一週過去，在遭受全面攻擊的情況下，我們繼續生活，費力地重建被摧毀的建築。

重要機關被遷至較安全的邊遠地區，重慶市人民的反應就像一九四〇年的倫敦人，毫無疑問，他們下定決心死守、戰鬥到底。

這樣的勇氣之中，一種令人費解的心理轉折是至關重要的因素。當人們幾乎失去所有財產，連他們僅餘的，也沒有把握能多撐幾天，這時候即使要面對再大的災難也不會被擊倒，從而獲得一種無拘無束的自由。

一切變得很單純，這就是一場意志力的競爭，如果一個人已經沒有什麼能失去，而只會獲得些什麼時，他的膽識、決心，以及忍受力都將大幅提升。所以，重慶的人們得以繼續堅持下去。

工作與生活一如往常。不只政府工作人員表現如昔，民間企業也正常工作，不被中斷。有時候所有的工作都得在防空洞中處理。

人們提高警覺，同時保持冷靜，表現出一副疏離的樣子，人們邊講話邊走到防空洞，入內之後，繼續說話。

我也曾見過政府官員在空襲時走進防空洞內，在裡面討論、開會，彷彿只是轉移陣地到某個俱樂部。水果攤和小販們沿途邊叫賣邊走向防空洞，好似他們身處在園遊會外。

人類神經系統擁有非凡的自我調節能力。那幾個月裡，我們每一吋骨肉都能感覺到極大的不確定，沒有經歷過的人肯定無法想像。早上出家門時，我們一定隨身攜帶重要文件，可不想讓那些文件被損毀。戰爭迫使我們發展出一套生存方法，我們會把衣物和私人財產分別藏在城裡各地，可以說是在各處多準備幾個衣櫥，如果敵軍直接打到家裡，也不至於無以為繼。我們可能會和別人約在哪裡用午餐，但我從不知道自己能否如期赴約；又或者，即使在見面時間之前空襲已經結束，我們也不能確定見面地點到那時還存不存在。

天氣也是重要的因素，但人們對此的態度和過去大相逕庭。過去人們總期待白天陽光普照或是夜晚明月高掛。但是現在，早晨時看到天空被雲遮蔽，我們會很開心；晚上月亮高掛時，就表示當晚我們要睡防空洞了。每天早上離家時，都不知道晚上能否歸來——我們不知道將會在哪兒吃飯，不知道何時、在何地入睡。「轟炸季」從四月延伸到十月，那些月份氣候清朗，適合進行突襲，我們每天幾乎都要忍受兩波攻擊行動。

終於，重慶山區建立了藏身之處，那裡足夠容納四十萬人。由於防空洞堅固不摧，空襲警報系統效率驚人，許多歐洲人都說，重慶是世界上最安全的城市，保護我們免於炸彈的攻擊。

在敵軍戰機接近城市的兩小時前，外圍區域的守衛就會發送敵軍靠近的消息，顯眼的紅色氣球會飛過整個城市，意味著日軍戰機在空中，目標可能是重慶。第一聲警報響起時，表示我們可能遭到轟炸，敵軍戰機已經處於城市一定的半徑範圍內。這個警報系統在空襲可能發生前，至少提供人們三十分鐘的逃生時間。第二聲警報表示敵軍至少在十至十五分鐘的距離內。因此面對攻擊，我們從不驚惶失措，這個系統從來沒出錯過。

轟炸結束之後，我們會走出防空洞，檢查毀壞結果。已經數不清有多少次，我看見人們直接回家，卻只發現殘破不堪的廢墟，過去的房子，如今已不復見。你自然會預期將看到人們變得歇斯底里，或是呼天搶地。然而，這種情況我一次都不曾見過。女人們會宿命論地說：「東西毀了」，並開始冷靜尋找可用的殘餘物品，或許可以廢物利用。事實上，她們原本的預期是房子被徹底摧毀，若是沒有，就是個意外驚喜。

冬天的時候，日本人無法每天攻擊，我們就開始重建城市。我們一邊修復物質上的損毀，一邊重新獲得團結的力量。自一九一一年革命成功之後，我們過了好幾年苦難的日子，偶爾會忘記革命志士原先懷抱的民主理想。

從獨裁到民主的路途上，也歷經許多次倒退事件，但現在我們在戰爭中工作、生活，開始理解全體中國人是為何而戰。所有人都明白，這場戰爭是另一個對抗極權、爭取自由更激烈的階段。因此，一般總認為戰爭會阻礙革命的進程，但事實並非如此。

革命和這場戰爭有著相同的目標。即使我們的外在世界已經全毀，但戰爭卻讓內心更富建設性的精神。

接下來三年在重慶的生活全是戰爭和重建的工作。即使戰火尚未停息，我們也必須不斷重建。

二哥前些年過世了，所以我負責照顧他的孩子——四個男生和一個女生（他們其中一人在疏散前就讀於上海大學的法學院，另一個人曾任職舊金山領事館），他們和一些親戚跟我在一起，其中最特別的是我的一個姪子。

這個男生從十八歲起就嚮往飛行，我資助了他的飛行員訓練課程，抗日戰爭之前，他便已是商用駕駛員。戰爭期間，他自願加入空軍，成為戰機中隊成員。在這個工作中，他就像典型的中國青年，他在空中的功績卓著，可比英國皇家空軍或美國空軍。

某次執行任務的經驗，最能貼切說明他的性格（但我不保證他的飛行技巧適當），至少可以說他不是那種沉靜的東方個性，也不是宿命論者。有一天他結束任務返回基地時，撞上七架日本戰機。他的戰機上沒有炮彈，所以有十五到二十分鐘左右的時間，他只能絕望地用遍各種空中特技，以免被日軍擊中。過程中，他的飛機傾斜、直線攀升、旋轉或是翻轉（事後檢查發現，機身和其他地方至少有五十個彈孔）。然後他明白自己無法在正常飛行下，巧妙閃躲過日軍的零式艦上戰鬥機，於是他決定放手一搏。

當時中國飛機的數量少得可憐，只要是飛機，無論多麼過時、脆弱，都價值連城，可能比同重的黃金還貴重。姪子謹記這點，因此他並不在意自己怎麼樣，只希望飛機還能維持在可以修復的狀態，安全返回。過去經驗告訴他，敵軍飛行員固然素質良好，但沒有膽色。因此，他最後一次直線俯衝，穿過敵軍中間，機頭朝地，直到距離地面只有幾百公尺高度時。然後奇蹟似的，他有機會拉高機身，但他並沒有讓飛機再度攀升，反而猛力踩下腳踏板，機身翻轉，達至垂直8字——單翼飛行的標準位置——只不過他並不打算飛垂直8字，而是繼續直線飛行，至於採取那位置的原因是：他必須將機身拉至約九十公尺高，筆直穿過一個窄小通道，所以他不能採取一般飛行高度。

這破釜沉舟的策略奏效了。敵軍飛官或許能讓機身俯衝降低再拉高，但他們不敢像他那樣穿過窄小通道。終於，他接近基地並緊急降落，拯救自己和那架飛機，神奇的是，飛機依然完整。

當然他也受傷了，但不是很嚴重。由於他服役多年，成績斐然，但就那些需要具備一觸即發高效反應的戰事而言，他的年紀確實有點大了，所以政府認為是時候該讓他轉調了。現在他是運輸人力和物資的駕駛員，在中國各地服務。

貳拾捌

同舟共濟的時代

每一次，我們都堅定死守，讓敵軍挫敗。我們以廣大的空間換取時間，使全國上下團結，取得盟國援助。

一年一年過去，自由中國的旗幟仍持續揮舞，如同在高處照亮這片土地的燈塔，這是我們永遠的大地。

戰爭期間人民的態度也不斷改變。先由順從轉為不確定，再由不確定轉為萌生希望，最後由希望轉為堅定的信念——人們深信最後中國會脫離痛苦，獲得勝利。這絕對是一個國家與其人民的新生及復甦。農夫、工人、家中和醫院的女性、山區裡的游擊隊員、前線的士兵——所有人拖著緩慢步伐，仰賴著終將獲得勝利的信念頑強前進。

游擊隊的〈起來〉1，就是這個時代背景下產生的歌曲，比任何文字都更能表達中國人的心情。無論在哪裡、由誰演唱或演奏這首歌，總是令我感慨萬千，心跳隨之加速，涔然淚下，激起眼淚的是驕傲，不是悲傷。

魏博士和我發現，我們自己就像身邊其他人一樣，找到了新的熱情與啟發。我們非常忙碌，其他人也沒比我們悠閒，我們並不在意自己努力工作是否被注意或被稱讚，重要的是，有沒有認真仔細地完成每件小工作，我們從中獲得喜悅與幸福。相反地，若沒完成或把工作搞砸了，我們會覺得自己很丟臉，萬分羞愧，因為那等於是幫敵人的忙。唯有在困境中，我們才知道，任何效率或每次出錯，都會影響最終的結果。愛國主義不再是美德，而是一種必需品。

一九四一年，政府指派魏博士出任中國駐法大使一職，接獲通知時，我們的內心五味雜陳。我們很高興能克盡一己之力為國服務，但想到要離開這士氣高昂的氛圍，與許多朋友及同事道別，我們便覺有些難過。

出發的日子很快就到了，七月時我們由重慶搭機至香港。我們飛上雲層，就在山丘即將消失在曚曨薄暮前，看見下頭一片綠油油的廣大田野，零零星星的人散落在景色之中。他們是耕種犁田的農夫，經驗讓他們練就一身好本領，以自己的節奏完成每日的工作，他們努力耕耘，不受外面的紛擾所影響。

在經過四年半艱苦的歲月後，這些農夫竟能維持如此高度的專注力！這種景象並不會讓人感到不協調。這些農民的生活反映了我們人生的哲學，以及堅持的精神。我國人民的骨氣體現在思想上，由這些小人物表現出來。他們對於民主自由的信仰，成了中國願意一起建立更美好世界的最佳保證。在那個世界裡，人們的信條是所有人類能在平等、安全、和平的環境下進步。

我們在香港登上麥迪遜總統號，我們想經由美國前往法國。抵達舊金山時，我們得知日軍已經佔領法屬印度支那，這個發展令國際情勢更加混亂，特別是對法國而言，我們認為留在美國等候公開說明，是比較恰當的作法。

再一次與美國人接觸，面對他們所表現出來對中國的同情與友誼，我既感動且印象深刻。大家都為我們加油打氣，人們主動表達對中國的敬意，他們認為在這場抗日戰爭中，中國顯現出泱泱大國的風範。各地人們不只以言語鼓勵，還慷慨捐贈支持，各個華人戰爭物資組織都收到許多捐助。眼前的事實，一而再、再而三地令我們感到驚訝，美國人對我們表現出真切堅定的友誼。

現在，我們的生活與過去幾年截然不同。每日的所需充足，而這在中國是無比奢華，令我非常痛苦。這般耗費與享受，在周邊人看來是理所當然。反觀幾個月前，我只要盯著一小塊奶油，就能挨過飢餓；若有人吃剩食物留在桌上，我會覺得很傷心。坐在餐桌前的我，不自覺地想起家鄉人民的困苦和煎熬。這種情緒不只是對食物，漫步在紐約大街上時，在和平世界熙來攘往的嘈雜聲中，我彷彿還能聽見有人呼救的回音，那是重慶城中警報空襲響起時，嚎啕大哭的聲音。

但由於到這裡來，我也經歷許多事情，緩和了我的悲傷。過去「民主世界兵工廠」2這個名稱僅是一種充滿希望的說法，而今已成為事實。每次，看見坦克車和飛機從裝配線上落下；每次看見太平洋地區地圖上的大頭針又往北移兩、三公分，我就覺得很快樂。美國農場和工廠，或是美國人民心中，都已經找到擊敗全世界極權國家的理由。

現在我們並非孤軍奮戰。世界上所有熱愛自由的人們都加入我們，為相同的理想奮鬥。正義最終會戰勝邪惡、殘忍的力量。

回顧這些戰爭，我發現，現時數以百萬計的男女一同投身在這龐大的抗爭中，尋求光明、自由與安全，相較於自己從孩童時期起即不斷做出的奮鬥，根本不算什麼。以前的我，是孤軍奮鬥的異端；現在的我，有眾人同舟共濟，堅持信念。

注解

1 *Chee Lai*：《義勇軍進行曲》，一九三五年由聶耳作曲、田漢填詞，本來是為電影《風雲兒女》所創作的歌曲。

2 民主世界兵工廠（Arsenal of Democracy）：口號源自一九四〇年十二月美國總統羅斯福發布的電台演說，表示美國不會直接參與戰事，但會透過提供軍事資源幫助英國攻打納粹德軍。直到一九四一年，日本偷襲珍珠港，導致美國正式對日本開戰。

鄭毓秀大事

1896（光緒22年）出生於廣東寶安縣。

1901（光緒27年）拒絕裹腳。

1905（光緒31年）與母親赴北京與父親會合，途中第一次踏足香港接觸到西方文化。

1910（宣統2年）被家裡安排與兩廣總督的兒子訂婚，鄭毓秀親自寫退婚信給男方，要求解除婚約。入讀天津中西女塾教會學校，接受西方教育。

1911（宣統3年）赴神戶留學，加入中國同盟會。不久回國，擔任任務聯絡員。

1912（民國元年）1月16日，參與暗殺袁世凱行動，但計畫臨時生變，楊禹昌、張先培、黃之萌被捕就義。26日，參與暗殺良弼計畫。革命同志彭家珍把良弼炸至重傷後來不治。

1914（民國3年）赴法國留學。在巴黎目睹法國軍隊啟程往前線抵抗德軍。

1915（民國4年）年入讀法國巴黎大學，攻讀法律。

1917（民國6年）7月，在中法協會上以學生代表身分發表激勵人心的演說，主張中國加入協約國。

1919（民國8年）由於精通英、法兩語，被任命為巴黎和會代表團隨員，協助外交與新聞媒體工作。6月27日，鄭毓秀與留法學生及華工圍堵陸徵祥下榻處，阻止代表團簽署「凡爾賽和約」。

1920（民國9年）從法國回國，赴四川宣揚男女平權，鼓勵女學生把握接受教育的機會。12月，帶領二十名中國女生赴法留學。

中國大事

1895（光緒21年），中日簽訂「馬關條約」，割讓台灣及遼東半島。俄法德三國干涉還遼。同年，洋務運動宣告終結。

1898（光緒24年）由光緒皇帝領導的戊戌變法失敗，慈禧太后重新當政。

1900（光緒26年）八國聯軍，消滅了義和團，迫使慈禧和光緒逃至西安。

1908（光緒34年）慈禧太后去世。溥儀成為皇帝，隆裕太后垂簾聽政。

1910（宣統2年）2月，同盟會在廣州依靠新軍發動反清起義。

1911（宣統3年）10月，辛亥革命，推翻清朝帝制，建立共和政體。

1912（民國元年）2月12日，隆裕皇后頒布退位詔書。中華民國成立，孫中山任臨時大總統，首都設於南京。

1913（民國2年）3月，國民黨代理理事長的宋教仁遭槍擊身亡。南方省份發動二次革命失敗，袁世凱就任第一屆大總統。

1914（民國3年）第一次世界大戰爆發。

1915（民國4年）5月9日，袁世凱被迫接受日本「二十一條」中的十二條內容。12月，國民會議中國民代表請求袁世凱就任中華帝國皇帝，預改國號為中華帝國。但在革命黨人反對下，袁世凱被迫在次年3月宣布取消帝制。

1917（民國6年）8月14日，中國宣布向德、奧宣戰。

1919（民國8年）第一次世界大戰的戰勝國和戰敗國在巴黎凡爾賽宮召開的和平會議，討論戰後問題。由於山東問題，北洋政府未能捍衛國家利益，引起中國人民強烈反抗，觸發以北京大學學生為首的「五四運動」。

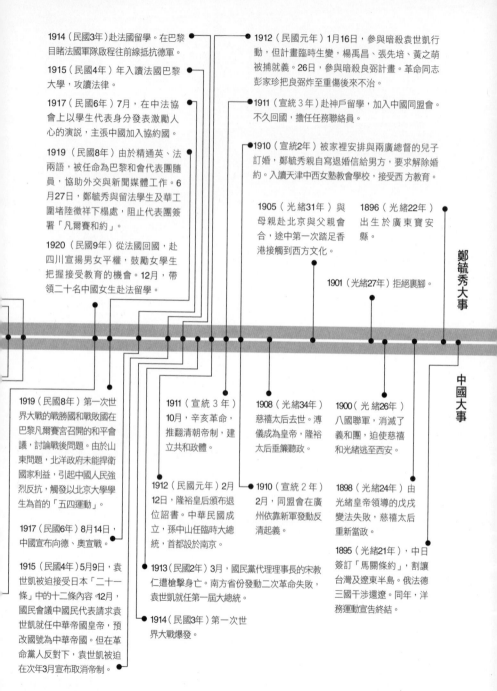

1925（民國14年）7月，從巴黎大學取得法律博士學位，成為中國史上第一位法學女博士。

1926（民國15年）從法國回國後，與魏道明於上海法租界成立律師事務所。

1927（民國16年）7月，著作《中國比較憲法論》出版。8月與魏道明結婚。同年，歷任上海審判廳廳長、國民黨上海市黨部委員、江蘇省政務委員會委員、江蘇地方檢察廳廳長、上海臨時法院院長兼上海法政學院校長。

1928（民國17年）被黨政府委任交際代表，就「南京事件」赴法。11月，委任為立法院委員。參與起草「中華民國民法典草案」。

1930（民國19年）回到上海再擔任執業律師，並任上海法政學院院長一職。

1937（民國26年）「盧溝橋事變」後，從上海疏散至南京、漢口。

1938（民國27年）5月，參與在桂林由宋美齡召開的「廬山談話會」，討論全國婦女救亡運動。7月，任新運婦指會常委。
接下來三年，在重慶從事重建工作，兼任教育部次長。

1942（民國31年）魏道明接替胡適出任中國駐美國大使，鄭毓秀隨夫到美國。

1943（民國32年）協助安排宋美齡訪美事宜。任「各國援華會」名譽主席。

1946（民國35年）魏道明回國出任立法院副院長，鄭毓秀隨夫一同回國，再任立法委員。

1947（民國36年）魏道明任台灣省政府第一任主席，鄭毓秀隨夫赴台北。

1948（民國37年）12月，陳誠取代魏道明任台灣省主席，同年夫妻二人離開台灣，鄭毓秀從此淡出政治舞台。

1953（民國42年）移居美國。

1959 12月16日，在美國加州去世。

1920（民國9年）五四運動後，出現學生抵制日貨潮，學生被捕，各校學生罷課抗議。

1925（民國14年）3月，孫中山去世。12月，日本政府內閣議決出兵滿洲，南京市民萬餘人遊行抗議示威。

1926（民國15年）國民革命軍誓師北伐。

1927（民國16年）南京國民政府成立。國民黨因容共問題引起內部分裂、中國共產黨發動南昌暴動。

1928（民國17年）奉系軍閥將領張學良宣稱接受國民政府管轄，北伐完成，全國統一。

1931（民國20年）5月，國民政府頒布施行「中華民國民法典」。九一八事件，東北三省被佔領。

1937（民國26年）7月7日，盧溝橋事變，抗日戰爭全面展開。

1938（民國27年）武漢會戰，歷時四個半月，日軍成功佔領武漢。國民政府遷都重慶。

1941（民國30年）12月8日，太平洋戰爭爆發，中國正式對日宣戰。

1945（民國34年）8月15日，日本宣布向同盟國無條件投降。10月，陳儀代表同盟國的中華民國政府接管台灣，台灣省行政長官公署正式運作。

1947（民國36年）2月，二二八事件。五月，台灣省政府成立。

1949（民國38年）十月，中華民國政府遷台。

國家圖書館出版品預行編目 (CIP)資料

玫瑰與槍：百年前一位中國奇女子衝擊傳統的革命史 / 鄭毓秀著；賴婷婷翻譯. --
初版. -- 臺北市：網路與書出版：大塊文化發行, 2013.09
224面； 14.8 X20 公分. -- (Spot ; 4)
譯自：My revolutionary years, : the autobiography of Madame Wei Tao-ming.
ISBN 978-986-6841-46-0（平裝）

1.鄭毓秀 2.傳記 3.律師

782.887 102014612